AF231677

LE ROI.

LE ROI,

PAR

CLÉMENCE ROBERT.

1

PARIS,

GABRIEL ROUX ET CASSANET, ÉDITEURS,

EN VENTE CHEZ BAZOUGE-PIGOREAU,
33, RUE SAINT-ANDRÉ-DES-ARTS.

—

1844.

LA COUR ET LES COURTISANS.

I.

Le parc de Versailles, magnifique palais de verdure, réunissait, le 15 avril 1692, l'élite de la cour de Louis XIV. Dans la nuit avait été célébré à la chapelle du château le mariage de mademoiselle de Blois, seconde fille du roi et de madame de Montespan, avec le duc de Chartres, fils de monsieur, et cette journée était consacrée aux fêtes de la noce princière. Après le dîner, servi dans la galerie des glaces et présidé par le roi, des groupes nombreux se répandaient dans le vaste jardin, attendant que sa majesté y descendît pour faire ouvrir la lice où devait avoir lieu un brillant carrousel.

Il n'y avait eu de convié à cette journée que les membres de la première noblesse; et le souverain du monde le plus amoureux de faste et de parure avait ordonné que chacun des invités y parût dans tout l'éclat de sa fortune, et avait voulu que les toilettes de cour fussent entièrement renouvelées. Il fallait, pour être admis à cette solennité, des titres, des blasons vieux comme le monde, et des dentelles, des rosettes, des broderies écloses du matin.

Jamais la nature ne fut seigneuriale et fière comme dans le parc de Versailles. En ce temps déjà, les arbres épanouissaient leur belle végétation et réfléchissaient dans leurs jeunes branches et leurs guirlandes de feuillage l'architecture majestueuse du palais voisin ; les voûtes des marronniers abritaient sous leurs nobles arcades des dieux et des déesses antiques taillés dans le plus pur marbre blanc ; les charmilles, les quinconces traçaient de toute part des colonnades, des portiques, des frontons où les armoiries royales semblaient empreintes sur des masses de verdure ; le houx et le buis prenaient la forme des obélisques ; les jets d'eau s'élançaient en colonnes, s'arrondissaient en coupoles ; les bassins par leurs cadres et leurs ornements rappelaient les glaces des somptueuses galeries, et les nymphes de ces eaux étaient toutes belles marquises et duchesses se promenant sur leurs bords.

Le soleil qui donnait en plein dans cette enceinte faisait étinceler autant de diamants que de gouttes de rosée; on voyait jouer sur les gazons veloutés autant de fraîches parures que de touffes de fleurs; sous la chaleur de midi, il s'élevait des flots de parfums des soyeuses étoffes et des arbustes fleuris, que le vent balançait en même temps sur son aile.

Du fond du parc arrivait un jeune

payan, la tête droite, les cheveux au vent.
Avec sa veste brune à pans carrés, sa cravate
rouge nouée sans façon, sa ceinture de
même couleur, son grand feutre gris, il
foulait ce sable doré d'un pas libre et assuré comme s'il eût été dans son domaine.
Parfois il regardait avec curiosité ce qui
l'entourait, et celui qui à vingt ans verrait
pour la première fois le soleil se lever sur
le monde, ne serait pas plus ébloui que ce
jeune paysan, en voyant se lever, au milieu
de cette enceinte le soleil de la fortune
dans toute sa splendeur. Mais plus souvent
encore, détachant ses regards de ce magnifique spectacle, il tirait de sa poche un
volumineux papier, le tournait entre ses
doigts, le regardait longtemps avec atten-

tion et respect et le resserrait comme le plus précieux trésor.

Il longeait la grande allée du milieu, et se dirigeait en ligne droite vers le château.

Un ancien usage, auquel Louis XIV se conformait encore jusqu'à un certain point, ordonnait que les jours de fête nationale, de mariage, de baptême, de toute heureuse solennité, la personne du souverain fût accessible à tous ses sujets, même ceux des dernières classes, qui pouvaient ces jours-là lui remettre leurs placets et suppliques en mains propres. Le villageois, pour présenter au roi la pétition dont il était si vivement occupé, avait choisi le jour du mariage du duc de Chartres, et, confiant en la foi des traités, il s'acheminaît vers l'habitation royale où il pensait entretenir le prince en liberté.

A l'endroit où finissent les quinconces pour faire place au parterre, un domestique à la livrée du château l'arrêta en se plaçant brusquement devant lui, et lui demanda où il allait et ce qu'il voulait. Le paysan expliqua en quelques mots le motif de sa venue, en s'appuyant sur l'ancienne coutume qui autorisait sa démarche.

Le valet, souriant de cette confiance outrecuidante, répondit que le privilége dont il parlait ne permettait point de pénétrer dans le parc, et encore moins de franchir les degrés du château, mais seulement d'aborder le roi au dehors si par hasard on se trouvait sur son passage, et si, par un

hasard plus grand, les chevaux de sa majesté allaient assez au pas pour qu'on
put présenter un placet à la portière de
la voiture. Que cependant, puisqu'il était
venu jusque là, il lui serait permis de rester dans cette allée où le roi devait passer
en se rendant au *Champ de la Lice*, et que
sans doute dans ce moment il pourrait lui
remettre sa pétition.

Mais en même temps le domestique en-
joignit au villageois de se tenir debout au
pied de l'arbre où il se trouvait, sans s'a-
viser de faire un pas de plus dans le jardin
royal.

Le jeune homme rougit d'impatience et
sourit en même temps de voir qu'on lui
accordât si peu de place dans cette vaste

enceinte. Il se rangea à l'endroit qu'on lui avait assigné :

— Et mon ombre, dit-il au laquais, en lui montrant la teinte grise que son corps décrivait sur le sable, lui permettra-t-on d'aller jusque-là ?

Le domestique, murmurant contre l'insolence du rustre, lui tourna le dos.

Cependant il eût adressé les propos les plus insultants au jeune paysan que celui-ci les aurait supportés, et d'autres outrages encore, pour accomplir l'entreprise dans laquelle il s'était engagé, et dont l'issue lui était plus importante que la vie.

Otant son chapeau, et s'essuyant le front, il s'adossa contre l'arbre, croisa les jambes, et se remit à considérer, mais d'un œil plus triste maintenant, les magnificences dont il était entouré; les groupes de seigneurs, de pages, de femmes charmantes qui circulaient autour de lui, au milieu de ces arabesques de gazon, de ces bassins d'eau azurée, de ces buissons de fleurs. Il répandait devant eux l'encens de sa pure et fraîche admiration.

Et cependant lui, le fils du hameau, avec ses beaux cheveux bruns tombant à flots sur ses épaules, son front élevé, ses grands yeux noirs étincelans d'intelligence et de courage, son teint bronzé au soleil des champs, ses traits fortement dessinés, sa physionomie gracieusement épanouie, sa taille svelte et découplée, avec toute sa personne empreinte de grâce et de vigueur dans l'air libre et chaud de la campagne, il était beau aussi, et bien plus que tout le

reste, car au milieu de ces parures apprê-
tées, de ce jardin artificiel, de ces hommes
de cour, lui seul avait une parure, une
beauté naturelle et vraie.

Le jeune homme, pour ainsi dire atta-
ché à son marronnier comme autrefois le
Faune à l'arbre des forêts, était devant une
des allées les plus passagères du parc, et à
deux pas de lui se trouvait une arcade de
charmille ornée d'une urne antique de
marbre blanc et formant une retraite om-
bragée.

Il vit arriver dans l'allée quatre personnages dont la vue le frappa d'abord d'é-
tonnement.

On eût dit des effigies d'anciens chevaliers descendues de leur piédestal. Ils
étaient couverts de la tête aux pieds d'ar-

mures étincelantes; sur le fin acier de
leur casque et de leur cuirasse jouaient de
longs panaches et des écharpes brodées de
devises. Ils s'arrêtèrent devant le marronnier comme le font des promeneurs à l'instant où leur conversation s'anime, et le
jeune paysan reconnut que c'étaient des
seigneurs de la cour costumés en paladins
pour le carrousel du soir, dans lequel ils
devaient figurer.

— Vous savez, messieurs, dit l'un d'eux,
que le prix de la joûte est une rose de
diamans offerte par la reine, et accompagnée de quatre vers de Benserade : mais il
y aura aussi des prix secondaires composés
de chaînes d'or et d'aiguillettes de pierreries.

— On nous promet pour ce soir des

surprises merveilleuses. Jamais, depuis les jours de sa jeunesse, Louis XIV n'a étalé autant de magnificence. Le prince portera, pour présider le carrousel, le costume de Charlemagne entièrement brodé de dia-mans, et il veut que tous ses chevaliers soient dignes de paraître à ses côtés.

— C'est juste, messieurs ; les rayons du soleil doivent resplendir comme lui.

— Vrai Dieu ! nos pères se sont faits soldats auprès des princes guerriers ; ils ont soutenu de leur bravoure les hauts faits du roi chevalier ; nous pouvons bien nous faire grands seigneurs auprès de Louis, le grand et le magnifique, et aug-menter de nos parures le luxe de sa cour.

—Oui, mais Dieu sait ce qu'il en coûte ! Pour moi j'ai mis mes dernières

terres dans mon pourpoint et la housse
de mon cheval; Ségur a changé sa charge
de conseiller contre des plumes et des rubans; Châtillon y a dépensé la dot de sa
fille, qui, après avoir bien dansé cette nuit,
entrera demain au couvent; Larochefoucault et Lorraine, dont le roi venait de
payer les dettes, se sont endettés de sommes pareilles pour paraître dans cette
journée..... Cette journée engloutirait les
mines d'or du Nouveau-Monde.

— Bah! le roi remplira nos escarcel-
les.

— Il y met la meilleure grâce du
monde, et on ne peut lui reprocher d'é-
pargner les fonds de l'état. Vous savez ce
qu'il a répondu à Colbert, qui se récriait
sur les nouvelles gratifications accordées

à MM. de Larochefoucault et de Lorraine, et disait que les coffres étaient
vides; « Donnez toujours, a-t-il dit; il y
a dans le coffre tant qu'il y a dans le
cœur. »

— A ce propos, messieurs, vous savez
que le roi fait preuve aujourd'hui de toutes magnificences et prodigue la clémence
comme les pièces d'or. Il vient d'accorder
les indulgences plénières au marquis de
Saverny et au baron de Vaubecourt,
qu'on croyait en pleine disgrâce.

— Et qui l'avaient bien mérité.

— Comment donc?

— Voici le fait. L'autre soir Saverny
en soupant et en se grisant au cabaret du
Puits-d'Amour, a parié, de compagnie
avec Vaubecourt, cent bouteilles de Mal-

voisie contre d'Elbœuf et Châtillon que le
roi conclurait le mariage de mademoiselle de Blois avec le duc de Chartres,
« parce que Louis XIV, a-t-il dit, était capable de toutes les folies pour ses bâ-
tards. » Or, comme les propos qui se
tiennent dans le vin ne s'y noient pas, celui-ci est revenu aux oreilles du roi. Le
mariage en question étant consacré, Saverny et Vaubecourt, qui savaient le
prince instruit de leur insolente gageure,
faisaient en toute hâte leurs préparatifs
pour passer à l'étranger, quand un envoyé de sa majesté est venu leur ordonner
de se rendre à Versailles. Le roi, après
avoir fait une peur affreuse aux deux
coupables de la peine très grave qu'il leur
ménageait, a fini par les condamner gaî-

ment à assister à cette noce qu'ils avaient injustement blâmée, et à s'y divertir de leur mieux. (1).

— On dit que le généreux pardon du prince envers Saverny et Vaubecourt tient beaucoup à la faveur qu'il accorde à la sœur de ce dernier, à la jolie comtesse de Lussan, dont en galant monarque il n'aurait pas voulu pour toute chose au monde attrister les beaux yeux.

— Sans doute, messieurs, dans l'âme de notre digne souverain galanterie est grandeur, et grandeur est générosité.

En disant cela, les seigneurs s'éloignèrent.

Le jeune paysan à ce faste inouï, à ces

(*) Voir la note A à la fin fin de l'ouvrage.

prodigalités que ce fragment d'entretien venait de dérouler devant lui, se croyait transporté dans le monde des fées. Dans son pauvre village, un écu d'argent était regardé comme la bénédiction d'une famille; quant à une pièce d'or, si elle y fût descendue, on l'eût prise, faute d'en avoir jamais vu de semblables, pour une étoile tombée du ciel. Mais en entendant parler de la générosité de Louis XIV, l'enfant de la campagne avait avidement écouté, et l'espérance s'était épanouie sur son visage.

Une jeune femme, traversant en courant le parterre où le soleil dardait en plein, vint s'abriter sous le cintre de charmille.

Petite, légère et gracieuse, elle portait

simplement une robe de soie bleue garnie de dentelle de Venise, relevée de distance en distance par des nœuds de perles au cœur de diamant; des nœuds semblables étaient à son corsage, à ses manches et dans ses beaux cheveux blonds; un collier et des bracelets de diamants d'une grosseur inestimable formaient seuls la richesse de son costume. La chaleur colorait son visage et soulevait son sein, vivement agité par sa course au soleil. Elle s'accouda penchée avec mollesse sur le piédestal de l'urne antique. Un joli chien barbet, haletant de chaleur, vint s'appuyer avec mignardise sur les pieds de sa maîtresse comme elle s'appuyait elle-même sur le socle de marbre, et, secouant sa petite tête fourrée de longs poils, fit jaillir mille étincelles de son collier formé de magnifiques rubis.

— Savez-vous, ma chère comtesse de Lussan, dit une autre dame de la cour qui s'approcha en ce moment, que les rubis de ce collier de chien sont les plus beaux que j'aie jamais vus. Vous avez dû mettre un grand prix à cette rivière.

— Non, elle ne me coûte que dix mille livres. Il fallait bien que ce pauvre *Fanfreluche* eût un collier neuf; les perles du sien étaient à moitié tombées, et vous savez que pour plaire au roi *tout le monde* doit être aujourd'hui en grande toilette.

— Aussi le carrousel, le bal, seront d'une somptuosité sans pareille. La cour aura vraiment une majesté digne des divinités de l'Olympe.

— Oui, mais j'aimerais encore mieux les plaisirs des dieux que leurs grandeurs.

— Vous aurez, ma chère, le plus précieux qui leur revienne en partage, celui d'être adorée.

— C'est dommage que tout cela passe en une soirée.

— Oh ! les fêtes de noces se renouvelleront bientôt, ma chère comtesse de Lussan ; si l'on croit les bruits de cour, il est certaine jeune dame d'honneur dont le roi se propose de faire cesser bientôt le précoce veuvage.

— J'ai entendu parler de cela, répondit-elle en souriant.

— Et plus que tout autre, sans doute, car on croit que c'est de vous qu'il s'agit.

— Je le crois aussi.

— Alors, puisque j'ai nommé la dame
qui doit bientôt rappeler ici les noces et
festins, vous devriez bien en retour me
faire connaître son heureux époux.

— Oh! là-dessus je serai vraiment
d'une discrétion parfaite mais peu méri-
toire, car le roi, en m'annonçant qu'il
avait fait choix pour moi d'un nouveau
seigneur et maître, ne m'a nommé personne.

— Et vous n'avez pas eu la curiosité de
demander ce nom?

— J'ai toute la vie pour le savoir.

— Et lorsque vous voyez autour de vous
les hommes assez bien titrés pour préten-
dre à votre main, nul ne vous fait espérer
ou craindre que le choix du prince soit
tombé sur lui.

— Mon Dieu, ma chère duchesse, vous savez que Beauplan, le coiffeur de la cour, fait toutes ses perruques sur le même modèle, que Régnier taille tous ses habits sur une coupe semblable et les ornes des mêmes broderies, que Martial met à tous les gants et à tous les rubans les mêmes parfums. Quelle différence voulez-vous donc que je fasse entre l'un et l'autre de nos seigneurs?

— Auriez-vous, en fait de mari, la manie des plantes rares, et préféreriez-vous le chardon d'Egypte que l'on cultive dans cette serre chaude, à ces beaux lys qui peuplent le parterre.

— Vous pensez donc que tout ce qui différerait de nos seigneurs de cour devrait leur être inférieur, et paraître auprès d'eux ce que le chardon est au lys?

— En vérité ma chère comtesse, s'il faut pour vous plaire différer des grands du royaume par des degrés de supériorité, je ne vois qu'un des demi-dieux dont les statues garnissent cette enceinte qui puisse vous convenir.. Je vous soupçonne, ma bonne Valentine, d'avoir pris des idées un peu romanesques dans votre jeunesse solitaire, et d'avoir apporté de vos campagnes du Périgord bien des rêves qui ne pourront pas se réaliser à la cour.

— Je vous jure, répondit la jeune femme en rougissant, que je n'ai jamais rêvé... pas même en dormant, car le sommeil de la campagne est trop rustique pour pouvoir créer des songes.

A ces mots, la comtesse de Lussan et la duchesse de Villeroy, toutes deux dames d'honneur de la reine, pénétrèrent dans la profondeur de la charmille, et le villageois cessa d'entendre leur entretien. Mais, sans qu'il y eût aucune raison pour cela, il avait beaucup plus remarqué la dame à la robe bleu de ciel que toutes les autres jeunes et fières beautés répandues dans cette enceinte, et la figure de cette femme resta gravée dans sa mémoire.

Il se promenait à pas lents dans l'endroit qui lui était assigné, tournant sans cesse ses regards vers le château. Un trouble violent l'agitait; son front s'obscurcissait pour la première fois dans cette atmosphère de la cour où il trouvait, lui aussi, des craintes, des espérances anxieuses et dévorantes.

Enfin, une rumeur se fit entendre dans l'étendue du parc. De tous les points de l'immense jardin on se rendait sur la terrasse où le roi venait de paraître. Le jeune paysan, ne pouvant maîtriser son empressement, suivit la foule de ce côté.

Sa majesté traversa la plate-forme entre deux brillantes haies de courtisans et descendit le parterre, accompagné du duc et de la nouvelle duchesse de Chartres, et s'entretenant avec les grands officiers de la couronne.

Arrivé auprès du bassin d'Apollon, Louis XIV s'arrêta pour recevoir la révérence de sa chère petite-fille, la duchesse de Bourgogne; puis l'embrassa sur le front et lui parla quelques instants en se baissant pour entourer de son bras la jeune fille, qui avait les siens passés au cou du monarque.

Cette douceur patriarcale qu'il montrait en ce moment s'alliait parfaitement bien avec la dignité naturelle de Louis. Et sous l'ombre de ces marronniers centenaires, aux troncs entourés d'arbrisseaux fleuris, cette majesté veillissante, à laquelle s'enlaçait ainsi cette douce fleur de jeunesse, cette charmante princesse de douze ans, formait un tableau charmant que répétait l'eau limpide du bassin.

Comme si le baiser de la jeune fille eût éclairci son visage, Louis XIV, en relevant la tête, montra plus de sécurité qu'on ne lui en avait vu depuis longtemps. Il s'était réservé d'ouvrir la fête, dont il allait donner le signal, par une petite scène de largesses et de bienfaits empreints d'une grâce magnanime.

Se plaçant donc sous le dôme fleuri d'un bosquet, en face du bassin d'Apollon, il fit d'abord appeler madame de Montespan. L'ancienne favorite avait donné le matin même au roi un nœud d'épée formé d'un de ses colliers de perles; en ce moment il lui offrit en retour un parchemin contenant la propriété de la terre d'Oiron, en Poitou, qu'elle désirait depuis longtemps.

Le roi fit ensuite approcher le marquis de Saverny et le baron Vaubecourt, ces deux seigneurs qui s'étaient rendus coupables d'impertinents propos sur son trop d'amour paternel, et avaient été arrêtés

au moment de fuir sa colère en pays étranger.

Saverny était un bel homme, à la vaste
perruque blonde, au justaucorps vert tendre, brodé d'argent, couvert d'une profu-
sion d'aiguillettes, de perles, de rosettes
de rubans rose, au langage grassayant, à
la tenue débraillée ; grand buveur, beau
joueur, très fort du monde, ignorant sur
tout, sauf sur les choses de la cour, qui
était à ses yeux l'univers entier* ; un homme
à conserver sous verre comme une médaille
de cet âge.

Vaubecourt, gros et lourd personnage,
s'était lié avec Saverny, le suivait partout
pour prendre de beaux airs, et ne parve-
nait qu'à se rendre la doublure de toutes

(*) Saint-Simon.

ses sottises *, comme il l'avait fait dans l'affaire du pari.

Louis XIV leur dit alors :

— Messieurs, pour que l'envie ne vous
prenne plus désormais de voyager sans ma
permission, je vais vous enfermer tous
deux dans des prisons dont il vous sera
difficile de vous échapper. Vous, baron
de Vaubecourt, qui aspirez depuis longtemps à la magistrature, je vous donne la
charge de conseiller à la première chambre qui vient de vaquer. Vous, marquis
de Saverny, les chaînes dont je vais vous
charger seront plus solides encore, car vous
y serez retenu par le propre bonheur que
vous aurez à les porter ; je vous accorde
la main de ma chère comtesse de Lussan,

(*) Saint-Simon.

que je vous destinais avant votre faute envers moi, et qui me semblait la meilleure récompense que je puisse accorder à un serviteur fidèle jusque là.

Saverny et Vaubecourt jetèrent un cri profond de reconnaissance et s'agenouillèrent pour baiser la main de leur prince.

— Maintenant, ajouta celui-ci, après un pardon si peu mérité, lorsque vous direz que Louis XIV est *capable de toutes les folie pour ses enfants,* vous ajouterez : *Et pour ses sujets les plus aimés.*

Ce fut de toute part un murmure d'admiration, un élan d'enthousiasme pour la bonté admirable du roi. Les noms de *grand, généreux, magnanime,* volèrent sur toutes les bouches, retentirent jusque dans les profondeurs du parc et du palais, qui les répétèrent dans leurs échos et semblèrent les conserver gravés sur leurs marbres pour les porter à la postérité.

Le roi prit la main de Saverny, et présenta à la belle comtesse de Lussan, son futur époux, en y joignant l'annonce de la riche dot qu'il comptait attacher à ce mariage. La jeune femme reçut l'un et l'autre avec le respect et la reconnaissance qu'elle devait au prince, mais avec l'indifférence extrême que la duchesse de Villeroy lui reprochait quelques instants auparavant.

Celui que nul n'apercevait en cet endroit, le jeune paysan dérobé derrière les rameaux d'arbres, jugea que le moment était venu de s'acquitter de sa mission. Il s'avança d'un air respectueux mais as-

suré, son chapeau d'une main et sa pétition de l'autre.

Assez étonnés de sa présence, quelques
gentilshommes de la chambre voulurent le
faire retirer. Mais Louis XIV l'ayant aperçu
fit signe qu'on le laissât approcher, disant
à ses courtisans :

— Vous oubliez, messieurs, que nous
sommes dans un de ces jours de solennités
où notre présence est accessible à tout le
monde. Pour moi, je n'en perds jamais la
mémoire, car le plaisir de rendre la justice, même au plus petit de mes sujets,
me semble le complément d'une heureuse
fête.

En même temps, Louis, chez qui le
sentiment du beau était développé au dernier degré, et qui le remarquait partout

où il se trouvait, parut frappé de l'admirable figure du villageois.

Celui-ci remit son placet aux mains du
prince, en disant d'une voix grave et mélodieuse :

— Sire, une commune entière, comme
un seul être désolé et mourant, vous
adresse ici son humble prière, et attend
son retour à la vie d'une parole de votre
majesté.

Puis il s'inclina profondément et se re-
tira. Mais il ne put se décider à s'éloigner
tout-à-fait ; palpitant d'inquiétude pour le
sort de son message, il se cacha dans l'angle du massif de feuillage qui l'avait déjà
abrité, de manière à pouvoir, sans être vu,
observer ce qui se passerait à la place qu'il
venait de quitter.

Le roi remit la pétition à un secrétaire d'état en lui disant d'en prendre connaissance et d'y répondre selon qu'il serait convenable. Puis il s'occupa d'autres personnes et s'éloigna avec son cortége.

Il ne resta auprès du bassin d'Apollon que le secrétaire d'état, quelques gentilshommes et la comtesse de Lussan entre le baron de Vaubecourt, son frère, et le marquis de Saverny.

Au bout de quelques instants, le haut fonctionnaire, au milieu de sa conversation, s'aperçut qu'il tenait le placet, l'ouvrit nonchalamment et allant de suite aux dernières lignes, lut à demi-voix :

« ..... Demande avec les plus ardentes instances à sa majesté la somme de dix mille livres pour relever cette fabrique

dont les travaux faisaient vivre la commune, tombée depuis sa suspension dans
la plus affreuse misère... »

— Ah! voilà donc ce que demandait ce
rustre, dirent les seigneurs qui avaient entendu ces mots.

— Dix mille livres, vrai Dieu! on va
bien semer ainsi l'or dans le fumier.

— C'est quelque chose de bien intéres-
sant qu'une fabrique de pierres rouges avec
des huttes de terre alentour.

— Dix mille livres, dit le vicomte de
Miremont; par ma foi, cela viendrait ar-
rondir joliment la bourse de perles fines
que j'ai achetée avec mes dernières pis-
toles.

— Dix mille livres, dit Vaubecourt; il y

aurait de quoi faire dix soupers à tomber sous la table.

— Il y aurai de quoi, dit le marquis de Noailles, fixer pendant dix jours près de moi la danseuse Nisida, qui me fait une pirouette dès que je ne lui mets pas des chaînes d'or aux pieds.

— Vivre ! vivre ! dit le marquis de Saverny, voilà tous ce qu'ils demandent ces manants-là. Et quand ils auraient de quoi, est-ce qu'ils sauraient vivre ? Il faut, pour savoir jouir de la vie, être gentilhomme de nom et de race.

Puis les seigneurs parlèrent d'autre chose. Au bout de quelques minutes, le secrétaire froissa machinalement la pétition restée entre ses doigts. Voyant le petit chien barbet de madame de Lussan qui tournait en gambadant autour des falbalas de sa maîtresse, il serra le papier en pelote ronde et la jeta à Fanfreluche, qui la reçut entre ses pattes avec des jappements de joie. La comtesse sourit du jouet donné à son cher bijou qu'elle regarda déployer ses gentillesses. Fanfreluche fit longtemps sauter la boule en tous sens, accompagnant son jeu de cabrioles et de tours de force qui faisaient reluire au soleil ses longs poils soyeux et son brillant collier de rubis; ensuite, las de son amusement, il poussa brusquement la pelote dans le sable, la déchira en mille pièces de ses dents et de ses pattes mutines, et en jeta les débris dans le bassin. Puis il revint se dresser devant sa maîtresse, qui passa ses belles

mains avec amour sur la fourure du délicieux petit animal.

Le paysan, caché dans la verdure, n'a-
vait pas perdu un mot ni un mouvement
de ce qui venait de se passer. Immobile
comme le tronc d'arbre contre lequel il
était appuyé, pâle comme le lys qui s'élevait près de lui, il ne laissa pas échapper
un cri de colère, il ne fit pas un mouvement pour reprendre le placet avant qu'il
fût déchiré. Maintenant son regard ardent
et sombre était levé vers le ciel.

Vaubecourt et Saverny passèrent près
de lui et le regardèrent en disant tout
haut, comme devant un être d'espèce
étrangère qui n'eût pu comprendre leur
langue :

— C'est l'homme au placet.

— Voyez l'instinct ! cet animal des bois est retourné se blottir dans le taillis.

Le jeune homme tressaillit ; et, en se précipitant dans l'épaisseur des arbres pour ne pas céder à la colère qui l'animait, il eût, en effet, le mouvement d'un cerf blessé qui s'enfonce dans les broussailles et va s'y cacher pour mourir. Arrivé dans le fond inculte du massif, il tomba sur la terre, et y demeura longtemps absorbé dans ses pensées.

Il était assis sur une racine mousseuse ; les ronces dans lesquelles il avait frayé son passage étaient revenues s'enlacer autour de ses pieds et se balancer sur sa tête. Tout ce qui se passa dans ce jeune être, initié en une minute aux plus cruelles déceptions, demeura enseveli dans cette cavité de feuillage; seulement, de temps en temps, une larme de rage et de jalousie coulait de ses yeux.

Une fois cependant, au milieu de sa douloureuse méditation, il se ranima et releva la tête ; il venait de se rappeler les dernières paroles que son père lui avait dites au moment de son départ :

« Tu n'obtiendras que refus et mépris, mais ne désespère pas, car il y a plus de force en nous que tu ne penses. »

De pauvres paysans, à cette époque où l'inégalité des rangs avait atteint le dernier degré, n'étaient rien sur la terre, rien que ces ronces sauvages rampant au pied des grands arbres. Cependant, à la pensée de son père, le jeune homme respira plus librement ; il sentit son sang se réchauffer dans ses veines ; il se leva et marcha avec agitation dans l'épaisseur des chênes...

Tout-à-coup un bruit de fanfares éclatantes vint l'arracher à sa rêverie ; il suivit machinalement la foule qui se portait vers le *Champ de la Lice*, aujourd'hui nommé *Tapis-Vert*. Cette foule était immense, et sa présence ne pouvait y être remarquée parce qu'il s'y trouvait toute sorte de costumes nécessités par les représentations allégoriques qui devaient suivre le carrousel.

La lice ouverte dans de magnifiques bosquets offrait une enceinte toute verdoyante, embaumée et fleurie.

Les femmes étaient placées sous des arcs de triomphe à la voûte mauresque, peinte d'azur et d'or et découpée à jour. Dans celui du milieu se trouvait la reine avec les autres femmes auxquelles l'amour du roi avait fait partager ce titre ; puis les nouveaux époux, le duc et la duchesse de Chartres.

Des hérauts d'armes, des écuyers, des pages bordaient de toutes parts le champ clos.

Le roi donna le signal, et les combat-tants, montés sur des chevaux arabes à la crinière flottante, aux longues housses brodées de pierreries, s'élancèrent dans la lice.

Un éblouissant soleil inondait la carrière, comme pour jeter un tapis d'or sous les pas de cette troupe superbe.

Les costumes des chevaliers se confon-

daient dans la mêlée et formaient une zône
rayonnante de l'éclat de la soie, du reflet
des dorrures, du feu des diamants, où l'on
voyait jouer les aiguillettes de pierreries,
les écharpes orientales aux mille nuances
de l'iris, les gracieux panaches qui s'élevaient en frissonnant dans les airs. Les sons
entraînants d'une musique éclatante em-
portaient, d'un bout de la carrière à l'autre, ce tourbillon de couleurs et de lumières. Au-dessus, un nuage d'une rougeur
enflammée, jeté par le couchant, semblait l'étendard royal de pourpre et d'or
que le ciel lui-même faisait flotter sur cette
enceinte.

Il y eut ce soir-là des faits mémorables.

Les chevaliers, animés à la fois par l'esprit de la guerre et par le regard des fem-

mes, par le double transport de vaincre et
de briller, se surpassèrent en héroïques
prodiges, et leur loyauté, leur courage furent vraiment d'or pur et de diamant
comme leurs armures. Les femmes applau-
dissaient avec ardeur ; il y avait là cet
enthousiasme d'un millier de personnes,
qui, réuni en un seul enthousiasme, fait
l'âme d'une bataille, d'un spectacle, d'une
fête.

Le marquis de Saverny était en veine
de bonheur. Au milieu des plus brillants
hommes d'armes de France réunis dans
le champ clos, ce fut lui qui remporta le
prix.

Il vint devant la reine et mit un genoux
en terre pour le recevoir de ses mains.
Mais sa majesté appela Valentine de Lus-

san, qui était à peu de distance, et lui remit la rose de diamants pour qu'elle la donnât elle-même au chevalier.

Marie-Thérèse, vieillie avant l'âge, affaiblie, souffrante de cœur, cherchait tous les moyens de s'effacer, et d'après le mariage déclaré de Saverny et de la comtesse, elle pensa que le spectacle en serait plus agréable aux yeux de tous, si elle laissait à la belle jeune femme son droit de couronner le vainqueur.

Au moment où le prix fut donné, les mille instruments élevèrent de nouveau leurs fanfares pour célébrer la douce victoire ; des vivats, des acclamations immenses s'y joignirent ; une joie vive et pétillante se montra de toute part. Les rayons du couchant qui répandaient leur rouge lumière dans l'enceinte donnaient une teinte plus chaude et plus saillante à cette scène de grandeur et de plaisir. Au milieu de toutes ces figures épanouies dans une joyeuse ivresse, cette lueur du soir n'éclairait que deux visages pâles, deux fantômes inanimés, placés aux deux bouts de la chaîne : la reine sur son trône de velours et le jeune paysan sous sa voûte de feuillage.

Selon le goût du temps pour les allégories, on vit entrer dans le champ clos où les joûtes étaient terminées, un char colossal représentant celui du soleil, et entouré des âges d'or, d'argent, de fer et d'airain; les saisons et les heures étaient à la suite; tout ce cortége, qui était censé représenter l'univers, vint naturellement s'incliner devant le roi de l'univers, c'est-à-dire Louis XIV, et lui débita des vers faits par un courtisan de génie, par Molière.

Dès que la nuit fut venue, le parc s'illumina soudain de milliers de torches de cire blanche.

Sous ses ombrages, des tables se trouvèrent comme par enchantement toutes dressées et toutes servies de succulentes collations.

Ensuite les regards étant attirés vers le château par un spectacle nouveau, on vit, devant la façade, s'élever de dessous terre une immense galerie toute de gaze, de fleurs et de lumières. La musique qui partait de cette enceinte magique, destinée au bal de la soirée, y appela bientôt

toute la foule légère , et en quelques minutes le parc fut entièrement sombre et
désert.

Le jeune villageois, qui malgré le mal
poignant que lui faisait éprouver toutes
ces réjouissances, avait été retenu jusque là
sur cette terre par un pouvoir magnétique,
ne put s'empêcher d'approcher encore de
cette galerie merveilleuse, et de la regarder quelques minutes.

A travers la gaze qui les blanchissait et
les rendait vaporeuses, il voyait toutes ces
figures passer et repasser, former leurs
chaînes, leurs rondes, leurs quadrilles ,
s'incliner et se lever sous le vent de l'harmonie. Sans distinguer leurs traits, il découvrait dans leurs poses et leurs mouvements un aspect de bonheur ineffable. Elles

lui apparaissaient comme des ombres heureuses dans le ciel...

Enfin, il s'éloigna à pas précipités de
ce parc royal où son cœur avait été déchiré et saignait depuis si longtemps; il
retourna gagner l'espace désert de la campagne.

Arrivé sur les hauteurs de Satory, il
voulut regarder encore une fois le château
de Versailles.

Le jardin était tout embrasé.

Le feu d'artifice, représentant un palais
enchanté, et placé au-dessus du principal
étang, répétait ses tourbillons de lumières
au fond des eaux qui en doublaient l'étendue; une clarté éblouissante semblait avoir
ramené le jour sur l'horizon et se réflétait
dans les nuages; au sommet de l'édifice,

entre ces deux zônes flamboyantes du ciel et de la terre, des rosaces de feu nuancées de toutes les couleurs des pierreries, dessinaient le chiffre du grand roi, qui dominait cet immense incendie.

Au bout de quelques minutes, tout s'éteignit.

Le jeune paysan vit tomber la dernière étincelle de ce feu d'artifice qui, selon ce qu'il avait entendu dire à un des seigneurs, devait jeter un million dans les airs.

Si on eût pu observer ses traits, on aurait vu à la pâleur qui les couvrait, à l'énergie qui y était empreinte que les impressions de cette journée ne seraient pas infructueuses, et que la haine amassée dans son âme devait une fois trouver son essor.

— Il reprit à pas lents la route de son hameau.

LA CAMPAGNE.

II.

A dix heures du soir, la lune limpide
éclairait largement une campagne agreste,
solitaire, dont le sol pierreux et couvert
de roches hérissées se revêtait de la teinte
la plus blanche, capricieusement coupée

par les ombres noires des bouquets de
houx et de buis mêlés au dédale des rochers. Nul chemin, nul sentier n'était frayé
dans cet espace désert ; il y avait seulement
de loin en loin des degrés taillés dans les
blocs de grès les plus inaccessibles.

Le villageois, qui avait quitté le parc de
Versailles au commencement de la nuit,
revenait lentement par ces champs de
pierre. La lune éclairait parfaitement sa
route, mais il n'avait pas besoin de ce secours pour se conduire ; ses pas semblaient
faits à cette campagne sauvage, et s'y di-
rigeaient d'eux-mêmes sans le secours de
la pensée : celle du jeune homme était
pesante et douloureuse, et couvrait son
front penché des plus sombres nuages.

Dans les parages presque entièrement

inhabités à cette époque qui règnent entre la vallée de Chevreuse et la route de Fontainebleau, au fond de deux collines stériles et seulement couronnées de bois au sommet, s'étendait le lit d'une petite rivière desséchée.

A droite, au pied de l'un des coteaux, était un petit village de l'aspect le plus misérable. Des cabanes rustiquement semées sans aucune espèce d'alignement, étaient toutes à demi-éboulées : les unes, encore attachées au roc contre lequel on les avait mastiquées, offraient des parois sans portes ni châssis, ouvertes à tous vents ; les autres, privées de l'appui du rocher, avaient laissé tomber un côté de leurs murailles d'argile, et leur toiture de chaume penchait, échevelée, jusqu'à terre.

Ce hameau était dominé par les masses sombres du coteau boisé. Sur la hauteur, on voyait pointer la croix de fer d'une petite église dont le bâtiment était caché dans les arbres.

En face, sur la pente de l'autre colline, étaient les restes du vieux manoir de Cerny, abandonné depuis de longues années par ses possesseurs, à cause de son état de dégradation irréparable. Dans ces débris de château, la pauvreté avait trouvé moyen de se construire une chaumière en étayant quelques murailles, en fermant les brèches par des cloisons de branchages, en remplaçant les toitures par de la paille. Attenant à cette habitation étrange, était encore le bâtiment d'une fabrique délâbrée à l'intérieur, et entièrement abandonnée

depuis que le courant d'eau détourné ,
avait cessé de faire mouvoir ses rouages.

Le lit de la rivière privé des eaux qui
couraient naguères entres ses touffes de
joncs, maintenant sec, noir, osseux, était
semblable à un squelette couché au fond
d'une tombe. Un petit pont formé de troncs
d'arbres jetés en arcade, et devenu alors
inutile le couronnait de sa ruine rustique.

Le hameau ruiné, le castel changé en
chaumière, la rivière tarie, tout avait un
même aspect de mort et de désolation.

Dans une salle basse de l'ancien château,
un vieillard était assis sur une escabelle
devant une table de bois noir ; un rayon
de lune qui tombait par une ogive et tran-
chait sur l'obscurité de la pièce éclairait la
figure du vieux paysan.

Sa taille haute et vigoureusement découplée, était pourvue d'une force muscu-
laire que le temps avait eu bien de la peine
à briser; sa peau bronzée était toute de
rides; ses traits offraient tout-à-fait le type
de l'homme des champs; les mouvements
de physionomie en étaient lents, mais fer-
mes et bien arrêtés; d'épais sourcils blancs
avançaient en arc sur ses yeux profondément
creusés; sa longue et rude chevelure blanche était coupée carrément sur ses épaules selon l'usage de la campagne; tout ce
qu'il y avait d'élevé, de puissant en lui,
résidait dans son large front chauve, qui,
par sa hauteur, ses contours hardis, sa surface unie et luisante, présentait quelque
aspect de la cîme d'un rocher, et par cette

similitude semblait révéler une force de volonté inébranlable et éternelle.

Ce vieillard était adoré dans le hameau, dont il avait été longtemps le bienfaiteur, par la fabrique qu'il avait trouvé moyen de créer, et aux ouvriers de laquelle il avait continué à donner des secours depuis qu'il ne pouvait plus donner de travail. Mais au respect, à la reconnaissance, à l'affection qu'on lui vouait, se mêlait une crainte inspirée par la froide expression de sa figure austère, et une certaine terreur superstitieuse que faisaient naître la rareté de sa présence et les habitudes inconnues de sa vie.

Sur la petite table devant laquelle il se trouvait étaient encore les comptes de la manufacture suspendue.

Les murailles de la salle lézardée, croulantes, verdies par la mousse, portaient encore les écussons des anciens maîtres de ce lieu, les armoiries, les devises féodales inhérentes à leurs pierres d'assises. Par-dessus les insignes seigneuriales étaient suspendus des instruments aratoires, le chapeau et la gourde du laboureur, et un dressoir de bois grossier, sur lequel n'était plus qu'un de ces larges pains noirs que le paysan fait cuir pour des mois entiers.

La salle profonde n'avait d'autre lumière qu'un rayon de la lune qui tombait en plein sur le vieillard, faisait ressortir d'une blanche clarté son front puissant, sa longue chevelure, et ne jetait dans le reste de la pièce qu'un pâle reflet.

Deux jeunes paysans, deux frères, autrefois ouvriers dans la fabrique, venaient d'entrer et se tenaient debout le chapeau à la main.

— Bonjour, père Ambroise; bonjour, Volf, dit l'aîné en s'adressant au patriarche du hameau et à un gros vilain animal couché sous le vaste manteau de la cheminée.

— Bonjour, mes enfants, dit le vieillard; vous venez chercher la petite gratification que je vous payais chaque soir depuis que l'ouvrage est suspendu; mais malheureusement...

Il leur montrait une escarcelle dans laquelle il ne restait pas un denier.

En ce moment, le jeune paysan que nous avons vu sortir du parc de Versailles et revenir par la campagne déserte, entra

dans la salle. Quoique la chaleur de sa marche eût mouillé de sueur son front et ses
cheveux, son visage portait toujours la même pâleur. Il jeta son chapeau à terre dans
un brusque mouvement et se laissa tomber
sur un banc dans l'enfoncement de la pièce.

Le vieillard porta sur lui un regard
interrogatif.

Il fit un signe de la main voulant dire
qu'il attendrait d'être seul avec son père
pour lui répondre.

Puis, les bras croisés, la tête penchée
sur sa poitrine, il demeura pensif et accablé, sans donner la moindre attention aux
empressements du gros animal à poils hé-
rissés qui avait quitté l'âtre de la cheminée pour venir se coucher à ses pieds,
avec mille signes de joie et de tendresse.

Le jeune ouvrier, qui était toujours debout devant le vieillard, répondit à l'observation de celui-ci.

— Sous votre bon plaisir, père Ambroise, nous ne venions pas chercher les six deniers de gratification. Quoique nous n'ayons pas mangé de la journée, il y a au village des besoins encore plus pressants que les nôtres.

— Qu'est-il donc arrivé?

— C'est Philibert Durand, notre camarade, qui est mort ce matin, et nous n'avons pas de drap pour l'enterrer.

— Pauvre Philibert, dit le patriarche avec un soupir, il était si brave garçon et si bon fils! Je ne connais que mon Richard qui soit digne de lui être comparé... Il a donc été atteint d'un mal bien subit?

— De maladie, non; il est mort de

faim ; c'est la seule maladie qu'on connaisse au village; mais elle y abat diablement de monde. Chaque jour les habitations se vident et le cimetière se remplit. On l'a agrandi à la Saint-Jean dernière, et le voilà déjà tout garni de fosses.

Le plus jeune des ouvriers, planté à côté de son frère, à qui appartenait la parole, se contentait d'appuyer les discours de celui-ci en répétant le dernier mot ou en faisant un signe approbatif.

— Et ceux qui restent debout, ajouta l'aîné, n'ont guère meilleure mine que les autres qui dorment sous la terre, car ils sentent déjà le mal qui va les emporter. La faim, voyez-vous, c'est comme la peste qui avait gagné la France dans ces temps passés ; seulement cette peste-là ne ravage que nos petits entroits; elle s'arrête devant Marly, Versailles et tout ce qui touche les habitations royales.

Le père Ambroise porta la main à son front qu'il pressa quelques instants en silence. Puis il se leva lentement, s'approcha de sa pauvre couche, en tira un drap qu'il tendit aux villageois.

— Tenez, mes enfants, dit-il; allez ensevelir votre compagnon.

Ensuite, descendant le gros pain noir qui restait sur le dressoir, il le coupa par la moitié et dit encore.

— Prenez ceci pour votre souper; c'est tout ce qui reste à la maison, vous aurez part égale avec mon fils et moi... Mais revenez demain soir; j'espère, ajouta-t-il en tournant de nouveau les yeux vers Richard, j'espère avoir quelque chose de mieux à vous donner.

— Les deux paysans s'éloignèrent.

— Eh bien! Richard? dit le père au jeune homme en se plaçant devant lui les bras croisés.

Richard se dressa de son banc, et prenant la même attitude que le vieillard :

— Eh bien! mon père, ce placet sur lequel vous comptiez tant a été bien reçu à la cour!

Alors, faisant éclater un rire amer, tandis que sa voix tremblait de rage, il raconta tous les détails de son voyage de Versailles, il dit comment le roi, dédaignant de lire en personne la pétition du paysan, l'avait remise à un secrétaire d'état, lequel, après l'avoir à peine parcou-

rue, l'avait remise lui-même à un petit
chien qui s'était diverti à la déchirer et à
en jeter les morceaux dans le bassin aux
rires de sa maîtresse.

Aux derniers mots que prononça Richard,
son souffle haletant pouvait à peine se
faire entendre, et tout son corps frémissait
comme le jeune arbre sous un vent glacé.

Son père l'écouta avec la tristesse calme
de l'homme vieilli dans la misère et sous
les coups incessans de l'oppression et du
dédain seigneurial : mais au fond de l'âme
il était aussi violemment frappé d'indignation que le jeune homme.

— Voilà comme ils nous traitent, dit-
il, d'une voix sourde. Pour relever cette
fabrique qui nourrissait tant de malheu-

reux, pour secourir les pauvres habitants de ce village qui tombent d'inanition, sur le seuil de leurs cabanes en ruine, nous ne demandions à ce roi, à ces ministres, à ces grands, que la plus petite partie des sommes qu'ils gaspillent pour leurs débauches, que les miettes perdues de leur table d'orgie ; nous ne leur demandions que de se tromper une fois, et de laisser tomber sur la pauvre campagne laborieuse, productive, ces faibles parcelles de leurs trésors, au lieu de les jeter encore et toujours à leurs filles de joie, à leurs ignobles valets qui en sont gorgés depuis si longtemps. Et ils refusent... Non, ils ne veulent seulement pas écouter la prière.

— Il en sera donc ainsi, s'écria Richard en répondant par un éclat de colère à la colère qui grondait plus sourdement dans le sein du vieillard ; ces malheureux paysans, souffrant le froid, la faim, toutes les tortures de la misère, tomberont sur le champ qu'ils n'ont plus la force de remuer; ils mettront leurs faucilles en croix sur le sol, ils se coucheront auprès, épuisés, dévorés par la souffrance, changés en cadavres, en squelettes avant d'entrer dans la tombe, et ils recevront la mort sans que leur cri de détresse, sans que leur dernier soupir, aillent troubler dans leurs fêtes ceux qui dévorent les lingots d'or changés en festins!... Oh! cette plainte qu'exhalaient les pauvres mourants, cette humble supplique dans laquelle ils avaient mis toutes leurs larmes, leurs angoisses, elle a servi aux courtisans à divertir un des leurs, à faire jouer un instant le petit chien d'une comtesse !...

— Et c'est pour être témoin de cela, mon enfant, que tu es entré dans la demeure des grands pour la première fois.

— C'est pour y puiser une haine éternelle contre eux, dit le jeune homme, l'œil ardent, les lèvres pâles et desséchées par la fièvre.

Le loup Volf que Richard avait apprivoisé, et qui était toujours couché à ses pieds, sentant instinctivement la souffrance de son maître, fit entendre un faible et plaintif hurlement.

En voyant l'indignation qui rayonnait sur le front de son fils, le visage d'Ambroise s'éclaircit, un souffle plus libre s'exhala de sa vaste poitrine.

— Richard, dit-il, que ferais-tu pour te venger d'eux?

— Tout.

Ce mot partit du fond de l'âme; les regards du jeune homme étaient perdus dans l'espace.

— Tu croirais toute chose légitime pour ce but?

— Légitime et sainte.

— Tu ne reculerais pas devant ce qu'on nomme crime?

— Non.

— Fût-ce le vol... le meurtre, dit encore le vieillard en accentuant ses paroles.

— Le vol! s'écria Richard, mais que pouvons-nous donc leur prendre qui ne nous appartienne déjà! Puisque les biens de la terre sont faits également pour

tous, serait-ce donc voler que d'en reprendre une faible parcelle à ceux qui les ra-
vissent tout entiers. Le meurtre! mais
quand ils nous font mourir de misère, les
tuer serait-il autre chose que la juste re-
présaille due à leurs attentats.

Il y eut un moment de silence, d'attente,
pendant lequel le sein de ces deux hommes battait violemment.

Richard était placé devant la haute fenêtre qui laissait voir toute l'étendue de
la vallée; son regard, s'étendant sur le ma-
jestueux défilé que formait la gorge des
collines, semblait vouloir saisir cette terre
et la reprendre aux usurpateurs.

— Si tu veux rendre ce sol à ses vérita-
bles possesseurs, à ceux qui le fécondent
de leur travail, dit son père avec un ac-

cent profond et assuré, si tu veux y répandre autant de prospérité qu'il y a maintenant de misère, tu le peux.

— Je le veux, dit Richard.

Et ils restèrent un moment de nouveau
dans le silence.

Volf, voyant ses maîtres fixer d'un œil
ardent la campagne vers laquelle le vieil
Ambroise tenait encore la main étendue,
s'était dressé de toute sa hauteur, hérissait
son poil fauve, montrait sa formidable
denture, et tenait aussi ses yeux flamboyants fixes du même côté.

Au milieu du silence de la nuit, de la
campagne, de la solitude, dans la profondeur de cette déserte et sombre ruine,
la lune versant par l'ogive un large rayon
éclairait d'une vive lueur ce vieillard,

ce jeune homme, cette tête blanchie dans la haine de l'oppression et les désirs de vengeance, cette tête aux longs cheveux noirs, où venaient d'éclore tous les instincts de révolte, toutes les ardeurs de délivrance, cet animal sauvage, né au fond des bois, ennemi de la race humaine; et l'astre nocturne semblait venir se rendre témoin de ce pacte de vengeance et le consacrer de sa lumière.

Un instant d'une immobilité solennelle se passa ainsi. Puis le vieillard prenant la main de son fils lui dit :

— Richard, le moment est venu où tu dois connaître ma vie, où tu dois apprendre tout ce qu'il y a eu de caché pour toi. Jusqu'à présent dans le vieil Ambroise tu

n'as vu que ton père, il faut que tu con-
naisses l'homme.

Un léger frémissement passa dans les
veines de Richard : il songea seulement
alors que le silence habituel de son père,
ses habitudes solitaires et mystérieuses,
avaient presque entièrement dérobé à ses
yeux le caractère du vieillard, et qu'il venait de prendre l'engagement sacré de se
dévouer à ses volontés.

— Je vais te faire connaître en peu de
mots toute mon existence, dit Ambroise,
et tu la jugeras. Mais, avant, viens t'asseoir à cette table ; tu as marché tout le
jour, tu es fatigué de corps et d'âme,
prends de la nourriture et du repos pour
pouvoir m'entendre.

Richard obéit sans songer à ce qu'il faisait ; mais avec un appétit campagnard que rien ne pouvait suspendre entièrement, il mangea le quart qui lui revenait de l'énorme pain noir, et but d'un trait une cruche d'eau. Volf, qui était venu se coucher aux pieds de son maître, eut sa part du repas.

— Maintenant, dit Ambroise, écoute-moi. Tu as vu depuis que tu es en âge de raison, cette filature et fabrique de draps, par la prospérité dont elle jouissait, soutenir l'existence du hameau voisin, et même y répandre quelque peu de bien-être ; tu as entendu chaque jour ces pauvres paysans arrachés de la misère bénir le nom de ton père, disant que c'était à lui seul qu'ils devaient le travail et le pain. Comment penses-tu que moi, pauvre paysan aussi, dénué d'instruction, de ressources, d'appui, j'aie pu faire d'abord les avances nécessaires aux malheureux ouvriers et pourvoir aux dépenses que demandait l'établissement de l'usine.

— Par votre travail, mon père.

Le vieillard secoua la tête.

— Ces bras ont été bien forts, cette âme a été bien courageuse; mais dans le monde où nous vivons, ils ne peuvent parvenir qu'à un salaire misérable.

La figure d'Ambroise s'obscurcit peu à peu, sa voix devint plus basse.

— Il faut que je te parle de ma jeunesse, reprit-il, et quelque court et simple que soit ce récit, il réveillera bien des douleurs.

Il y a trente-cinq ans, après être resté

très jeune orphelin et avoir toujours travaillé à la culture de la terre, je quittai la
commune de Meudon où j'étais né, et je
vins habiter le hameau de Cerny.

Je n'avais d'autre parent, d'autre ami
sur la terre qu'un frère plus jeune que moi
de quelques années, qui venait de recevoir
les ordres ecclésiastiques et d'être nommé
curé dans cet endroit. Son église et son
presbytère étaient situés au sommet du
coteau boisé qui domine le village : je pouvais, en venant habiter ici, le voir souvent;
et, dans tous les moments de la journée,
apercevoir sa demeure dont la croix s'élevait au-dessus du feuillage.

Je n'avais aucun moyen d'acheter même
la plus pauvre des cabanes; je trouvai ici
les ruines du château de Cerny, abandon-

nées et oubliées par leurs possesseurs, et ne servant plus qu'à loger les oiseaux de nuit.

Des branches d'arbre et du chaume m'aidèrent à refermer quelque peu ces murailles et à y reconstruire une espèce de demeure. Avec le prix des journées que j'allai faire dans les environs, j'amassai bientôt le peu qu'il fallait pour acquérir le terrain qui servait autrefois de jardin et se déroulait jusqu'à la rivière. Il conservait encore quelques arbres fruitiers; j'y plantai des légumes que j'allai vendre à Marly.

Dès-lors, avec le produit de ces quelques pieds de terre je subsistai entièrement... Je fis plus, j'élevai un enfant.

J'entrai un soir dans une maison du

hameau dont la porte était ouverte parce que les villageois y venaient tour à tour jeter de l'eau bénite sur une bière. Il ne restait plus d'habitants autour de ce foyer éteint qu'une morte et une petite fille de cinq ans. La morte allait en sortir en y laissant l'enfant sans mère et sans pain.

La petite s'était glissée sous la serge noire qui couvrait le cercueil ; elle se serrait dans le tissu de laine pour se garantir de l'air glacé, car il y avait dans cette chambre le froid de janvier et le froid de la mort, et on voyait sa petite tête blonde et pâle sortir de dessous le drap mortuaire. Je tendis la main à la pauvre enfant ; elle vint s'y jeter, et trouvant que je la réchauffais mieux que le cercueil, elle se blottit dans mon sein.

Je priai Dieu pour la morte et j'emportai sa fille avec moi.

Depuis ce moment, ma vie prit une âme nouvelle ; je travaillais pour mon orpheline ; je voulais, quoique le sort fît l'élever et la rendre heureuse.

Je repris des journées au dehors ; le soir et le matin je cultivais le jardin ; de tous côtés je redoublai d'ardeur. Je voulais gagner, à la sueur de mon front, de quoi acheter à mon enfant tout ce qu'il lui fallait et tout ce qu'elle demandait. Au logis, je me faisais son serviteur, son jouet, pour la voir rire et se colorer de belles couleurs. Puis elle s'endormait dans mes bras, et souvent, craignant que sa couche fût trop froide, je passai des nuits entières à la faire dormir sur mon sein.

Elle grandit, ses besoins devinrent plus dispendieux, j'augmentai mon travail. Quant l'ouvrage allait bien, nous étions nourris et vêtus tous deux; quand les journées devenaient plus rares, je me passais de tout, mais Marianne avait toujours sa bonne nourriture et ses jolies robes neuves.

J'avais chéri l'enfant de toute mon âme, j'adorai la jeune fille. Je ne me demandais pas depuis quand l'amour d'un père était devenu celui d'un amant, car je sentais que l'un et l'autre s'étaient toujours confondus en moi, qu'il y avait toujours eu de la passion dans ma tendresse pour l'enfant, et qu'il y aurait toujours de la sainteté paternelle dans mon idolâtrie pour la femme.

J'attendais qu'elle eût dix-huit ans ac-
complis pour l'épouser; je lui fis part de
mon projet; elle l'accueillit comme une
chose arrêtée d'avance, car ne connaissant
personne n'aimant que moi au monde,
elle n'avait jamais pensé que nous pussions
nous séparer.

Mais en lui parlant de mariage, en
fixant le jour avec elle, en comptant à
toute minute avec elle combien de temps
nous séparait encore de ce moment désiré, je ne lui dis jamais un mot d'amour;
quand la passion était prête à éclater dans
mes regards, je baissais les yeux; je ne
voulais ôter à ma sainte fiancée aucun de
ses charmes d'innocence; je voulais lui
laisser toute la virginité de son âme. Elle
était seule avec moi, sous mon toit, et tout

en ma puissance, c'est pourquoi je pous-
sai la réserve jusqu'à l'austérité; je ne
voulais pas trahir la Providence qui me
l'avait confiée.

Le moment du bonheur approchait; je
n'avais plus qu'un mois à attendre...

A ces mots qui devaient appeler les plus
doux souvenirs, le visage du vieux paysan
se couvrit d'une pâleur étrange et se creusa
de plus profonds sillons; on eût dit que le
souffle de la mort passait sur lui. Il garda
un moment le silence, pendant lequel sa
douleur se montrait si sombre que son fils
n'osait ni l'interroger ni lever les yeux sur
lui.

Il reprit d'une voix lente et navrée :

Il y eut là une année de ma vie qui doit

rester voilée pour toi comme elle l'a été pour tous au monde; année d'épreuves cruelles, mais sur laquelle je peux reposer mes pensées avec le calme d'un homme qui est resté bien avec lui-même, satisfait de son courage et de son honneur.

Au bout de ce temps, j'avais épousé Marianne, je l'aimais plus que jamais, et tu étais venu au monde,   mon fils... Ah! oui, mon fils chéri! La paix, le bonheur, autant qu'on peut en avoir en ce monde, étaient revenus pour moi. Je croyais passer le reste de ma vie ainsi et j'en étais digne, car je demandais bien peu pour être heureux.

Mais deux ans s'étaient à peine écoulés que le propriétaire, pour lequel j'avais travaillé, vendit son domaine sans me payer; je sentis les premières atteintes de la misère. L'ouvrage manquait dans la commune, je fus obligé d'aller prendre des journées à trois lieues d'ici; le temps qu'absorbait le trajet réduisait tellement le travail et le salaire qu'ils ne suffisaient plus pour nous donner du pain. Pendant que j'étais retenu au loin, Marianne était obligée de se charger de l'ouvrage qui restait à la maison, de cultiver les légumes, de les recueillir, de les porter au marché.

C'était pour moi le comble de la souffrance; ma pensée la suivait tout le jour, et, à l'heure où je savais que la faible et délicate enfant chargeait son bras et ses épaules de lourds paniers qui déchiraient et brisaient ses membres, mon cœur défaillait; quelquefois, je tombais sur ce champ où j'étais à labourer, et mes larmes mouillaient la terre.

Chaque jour je voyais Marianne changer et s'affaiblir sous le poids de tant de fatigue et d'une douleur qui depuis deux ans ne s'était pas effacée de son âme... Oh ! mon fils, que Dieu te garde jamais de savoir ce que c'est que de souffrir dans ce qu'on aime ! Quand je demandais à Marianne de cesser un travail qui la tuait, elle me montrait son enfant qu'il fallait nourrir, et je me taisais.

Ambroise s'arrêta à ces mots; ce vieillard au front de rocher était courbé sous le poids de ses douleurs passées qui revenaient avec tant d'amertume dans son âme.

Il se leva subitement, prit la main de Richard et lui dit :

— Viens, suis-moi, c'est dans un autre endroit qu'il faut que je continue ce qu'il me reste à te dire.

Il emmena le jeune homme au fond du jardin, auprès d'une petite élévation de terrain planté de quelques fleurs et de hauts peupliers. Cette place, entourée d'épais feuillages, recevait d'en haut une faible lumière; la clarté de la lune se trouvait suspendue au-dessus comme une lampe nocturne qui n'éclaire que le repos.

Ambroise entra dans cette étroite enceinte, et fit asseoir son fils près de lui au pied des grands arbres.

— Un soir, dit-il en continuant son récit, un soir au retour des champs, je ne vis pas Marianne sur le seuil de la maison où elle venait toujours m'attendre. Je frissonnai, je sentis mes jambes défaillir sous moi... En entrant dans la salle basse, je trouvai l'infortunée étendue sur le carreau, baignée dans son sang à quelques pas de son lit, qu'elle n'avait pas eu la force d'atteindre; près d'elle était encore la hotte pleine d'herbage. Elle n'avait pu les vendre ce jour-là; il avait fallu s'en charger encore au retour; un vaisseau du cœur s'était brisé dans cette double et atroce fatigue, et en rentrant elle était tombée expirante.

Je la pris dans mes bras, je cherchai à la ranimer du souffle de ma vie... mais il était trop tard; il ne lui restait que quelques heures d'agonie.

Cette agonie, elle la passa dans mes bras; mon sein fut sa couche mortuaire; je sentais les derniers battements de son cœur tomber sur ma poitrine, ses derniers souffles s'exhaler sur mes lèvres. Au point du jour, tout était fini; elle devint raide et froide; je la gardai là, sur mon cœur, dans la même attitude où je l'avais si souvent fait dormir quand elle était enfant..... C'est à peine si je souffrais; ma vie s'était exhalée avec la sienne. Je ne sais combien de temps se passa ainsi : mais une nuit je vins creuser une fosse sous ces peupliers, j'y déposai le corps de Marianne, je le couvris de terre. Ensuite, je m'étendis à côté, les lèvres collées sur cette terre hu-

mide, enveloppé avec Marianne sous ce rideau de sombre verdure comme nous l'a-
vions été sous celui de notre humble couche. Je voulais ne point me relever et
attendre la mort à cette place. Quelques
heures se passèrent.

Le soleil s'était levé chaud et radieux.
J'entendis un léger bruit dans les broussailles.

C'était toi, mon petit garçon de deux
ans à peine, qui venais, démêlant avec
peine tes pas dans les hautes herbes, chercher les fraises semées au pied de ces arbres. Ta tête rose et bouclée était rayonnante de vie, fleurie de santé; quand tu
voyais une fraise rougir dans le gazon, tu
jetais des cris de joie, et, après avoir
mangé ce pauvre petit fruit, tu embrassais

la plante qui te l'avait donné... Je t'avais oublié, mon pauvre enfant!... Faible et moribond que j'étais, je me relevai à demi, je m'appuyai sur un bras et je te regardaï... Tu étais si frais, si vivace, et tu avais l'air si heureux d'être au monde!...

Tout-à-coup je me relevai.

Eh bien oui! m'écriai-je, tu vivras, toi, je t'arracherai à la misère affreuse qui nous a dévorés tous deux. Tu vivras, tu auras les fruits de cette terre que tu aimes tant, et quand je te les aurai donnés tu m'embrasseras comme tu embrassais cette plante; ce sera ma récompense.

Le soir même, au milieu de la forêt, j'arrêtai deux voyageurs et je volai leur or.

Richard poussa un cri affreux, cacha sa tête dans ses mains, et par un élan spontané se jeta à quelques pas de son père.

— Je m'attendais à ce mouvement d'horreur, dit Ambroise avec sang-froid ; c'est
l'instinct d'honneur qui parle en toi, mais
la réflexion viendra me justifier.

Le jeune honmme vint se rasseoir auprès de son père, mais le visage altéré et
frémissant de tout son corps.

Le vieillard continua.

— Cette nuit, cette nuit de dégoût et
d'horreur qui fit blanchir mes cheveux en
quelques heures, me procura plus de gain
que ma vie entière de travail ne l'avait
fait.

Le lendemain j'étais assez riche pour te
nourrir et t'élever.

Un trouble violent remplissait seul l'esprit de Richard ; un tourbillon était dans

son cerveau où il ne trouvait encore aucune pensée distincte.

Le vieux paysan poursuivit d'une voix ferme :

— Je continuai. Je repris courage au travail... Mais ce n'était plus au point du jour que je partais pour accomplir ma tâche, c'était à l'entrée de la nuit ; ce n'était plus les outils du laboureur que je prenais sur mon épaule, c'était des armes que je cachais dans ma ceinture ; ce n'était plus l'œuvre sainte de féconder la terre que j'allais accomplir, c'était l'œuvre maudite du brigandage. Ces défilés sauvages, ces forêts qui nous entourent, cette campagne déserte, et cependant traversée souvent par de riches voyageurs qui vont de l'une à l'autre résidence royale, était une situa-

tion favorable pour la chasse humaine.
Oui, pour soutenir mon enfant, pour aller au secours des paysans, mes frères, qui mouraient de faim autour de moi, j'arrêtais le seigneur qui revenait à demi-ivre de son orgie, je le volais, je l'aurais tué s'il l'avait fallu... Le ciel a permis que je n'aie jamais été forcé d'aller jusque-là.

J'étais riche à mon tour; j'avais de l'or, des diamants. Des marchands de Venise passant dans ces parages m'achetaient les pierreries. Leur présence dans ma cabane eût excité les soupçons; je les voyais à la cure de mon frère où ils se rendaient sous prétexte de recevoir la bénédiction du digne pasteur, et où nous terminions nos marchés.

Le saint et noble prêtre, qui ne soupçonna jamais nos rapports, priait pour nous. Dans l'élevation si pure de son âme, il est clairvoyant pour tout, excepté pour le mal ; il a beau recevoir chaque jour au confessionnal l'aveu des fautes des hommes, il oublie le mal dès qu'il a cessé de l'entendre ; il ne voit partout que la sainte candeur qui est en lui...

— O mon oncle ! s'écria Richard avec un soupir ; ô le plus saint et le meilleur des hommes !

—Je pouvais alors pourvoir à ton éducation, ce fut à lui que j'en confiai le soin ; je te remis entre ses mains ; il t'éleva, il te forma à son exemple, et dans ton âme du moins il a pu jusqu'à ce jour voir avec vérité un beau reflet de la sienne.

— Continuez votre récit, mon père, dit le jeune homme en frémissant.

— Ton sort assuré, je pensais à celui de mes frères. Tous les habitants de notre hameau eurent du pain; leurs cabanes furent relevées; je construisis une fabrique sur les bords de la rivière qui en faisait mouvoir les ressorts; je donnai des outils et des matériaux à deux cents ouvriers. Ils purent alors soutenir leur famille, cette pauvre famille de la campagne qui ne demande guère plus de frais qu'un nid d'oiseau. Le village de Cerny prit cet aspect de paix et de modeste propriété dans lequel tu l'as toujours vu...

Mais moi... Oh! c'était une étrange vie que la mienne! Dès que la nuit venait, accablé, frémissant, saisi d'une horreur qui ne s'est jamais affaiblie, je détachais mes armes, j'allais rôder dans la forêt comme une bête sauvage, ou, faisant de longues routes dans les lieux les plus solitaires, dans les chemins les plus escarpés, j'y poursuivais ma proie la nuit entière, souvent en vain, mais quelquefois aussi rapportant de riches dépouilles; alors je rentrais au hameau.

Le jour était revenu; je voyais cette pièce d'or arrachée d'un amas de richesses se changer en une douce cabane que la vie et le sourire venaient habiter. Il me semblait alors que la force extraordinaire de mes membres, que l'ardeur impétueuse de justice qui est dans mon âme m'avaient été données exprès pour cette tâche, que j'étais fatalement destiné à établir sur un petit point du monde un premier et faible degré de cette égalité sainte qui doit y paraître un jour s'il y a un Dieu. Je n'ai jamais eu de remords de mes actions; par moments, j'en étais fier, et par une contradiction étrange, j'avais honte de moi; il me semblait que les moyens ténébreux dont je me servais laissaient des traces impures sur mon front, sur mes mains; je distribuais le travail, je répandais les secours au hameau, et je revenais m'enfermer dans cette sombre et triste ruine.

J'ai conservé les habits les plus grossiers, la demeure la plus austère; j'aurais rougi d'employer une obole de ce que je ravissais au riche à autre chose qu'au plus strict nécessaire; je me serais maudit de prendre pour moi une ombre de ce luxe que je haïssais dans les autres; car cela seul pouvait faire de moi un voleur.

Les sentiments de justice et d'humanité, corrompus par le malheur dans l'âme de ce vieillard étaient arrivés au fanatisme, au délire. Les malheurs qu'il venait de raconter, plus encore celui qu'il avait tenu secret, l'avaient exalté au dernier degré contre les grands de ce monde; et l'immense inégalité des fortunes était devenue pour lui le mauvais génie de la terre, le Satan digne d'horreur et d'effroi. Il avait été si vivement frappé d'une des faces des choses humaines, qu'il n'avait pu voir dans l'ensemble ce qu'il s'y trouvait peut-être de providentiel; trop ardent à sentir, il avait perdu la faculté du jugement, la vertu de la résignation.

Mais il était grand, désintéressé dans ses erreurs; il avait conservé une étrange pureté de caractère au milieu de sa vie criminelle. Peu à peu ses sentiments gagnèrent l'âme de son fils, fait à son image, et préparé à toutes les résolutions du désespoir par ses impressions de la journée. Richard en vint à écouter les confidences de son père sans horreur, et il laissa aller sa main dans celle du vieillard.

— Oh! oui, tu m'aimes toujours, lui dit Ambroise, car ton cœur est humain, généreux, et tu vois maintenant ce que j'ai fait pour cette pauvre population que Dieu semblait m'avoir confiée.

Tu l'as vue heureuse et florissante par mes soins. Mais à présent, hélas! tout est bien changé. Au commencement de cette

année, en construisant les grandes eaux
de Versailles, on a eu besoin pour augmenter leur bassin de détourner le cours de
notre rivière. Les agens de l'autorité sont
venus ici, ils ont décidé notre ruine. En
vain nous les avons priés, implorés à genoux, en vain nous leur avons montré que
ce faible courant d'eau donnait la vie, le
bonheur à tout un village ; ils n'ont rien
écouté. Que leur importait l'existence de
deux cents familles de paysans devant le
sourire de quelques seigneurs ; et cette rivière qui apportait ici le pain de chaque
jour, les vêtements, le bois de l'hiver, est
allée s'engloutir dans les bassins du parc
royal, pour jaillir en mousse perdue dans
les airs.

Déjà le cœur de Richard battait violemment dans sa poitrine. Sa colère renaissait plus violente.

— Depuis un an que les métiers de la manufacture sont détendus, continua le vieillard, les privations de tout genre, puis la détresse, sont revenues dans le hameau ; le moindre morceau de pain y est reçu avec une joie baignée de larmes, et les pauvres affamés ne traînent plus que des haillons dans leurs murailles nues.

Le jeune homme frappa son front de douleur.

— Richard, s'écria son père, dis-moi, tu as vu aujourd'hui une fête de Versailles, et en rentrant, tu as entendu ces deux jeunes paysans qui n'avaient pas mangé de la journée et qui demandaient un drap pour enterrer leur frère mort de faim ?

— Oh ! oui, j'ai bien vu, bien entendu cela ! dit Richard en frémissant de rage.

— Tu sais que j'ai tenté un dernier effort, que j'ai exposé nos besoins, notre misère au roi en demandant humblement une faible somme pour la soulager, tu sais comment la prière a été reçue ?

— Oui, répéta le jeune homme avec une exaltation croissante, je le sais, je le saurai toujours !

— En même temps l'âge s'est apesanti sur moi ; je ne peux plus avoir recours aux puissantes ressources que j'ai tant exploitées autrefois ; mes forces me trahissent, je n'ai plus ce bras nerveux qui arrêtait un homme tandis que mon genou pesait sur la poitrine de l'autre ; je suis semblable au loup blessé qui rugit devant sa proie sans pouvoir l'attaquer. Eh bien! crois-tu que si je pouvais rappeler de la tombe ma vigueur épuisée, recevoir d'en haut un rayon de vie nouvelle, je ferais bien de retourner au sein de la forêt arracher à ces grands le surperflu de leurs richesses pour le donner à nos paysans mourants de misère?

— Oui, vous feriez bien!

— Sur ton honneur, sur ta conscience sainte et pure de jeune homme, tu le crois?

— Je le crois, dit Richard la main sur sa poitrine et les yeux levés au ciel.

— Alors, fais-le à ma place.

Il y eut un moment de silence, où des frissons glacés coururent dans les veines de Richard.

— Oui, reprit son père, oui, devant ces étoiles du ciel dont la clarté guidera tes pas, jure de me succéder.

Richard demeurait haletant sous les plus terribles émotions; l'ardeur de la vengeance, l'horreur du crime tourbillonnaient, se heurtaient dans son âme.

— Ecoute, écoute, dit Ambroise, tu ne sais pas encore ce que je veux. Les marchands de Venise m'ont fait savoir qu'il y aura demain un bal à Fontainebleau, et qu'une femme de la cour, la comtesse de Lussan, en revenant, passera à minuit, et toute couverte de ses diamans, dans la forêt de Monlhéry.

Richard fit un geste de dégoût.

— Oh! ne t'indigne pas, mon fils, ce n'est pas un vol de pierreries que je te propose; j'ai versé vingt fois mon sang pour ce but; mais le tien m'est trop précieux pour que je veuille le mettre à si vil prix; c'est le vol d'une femme que je viens t'offrir, d'une des plus belles, dit-on, des plus nobles femmes de France. Nous l'enlèverons dans la nuit prochaine. Elle restera enfermée dans cette solitude. Jamais aucun voyageur n'approche de notre obscur village retiré de toutes les routes, et jamais aucun des habitants du hameau ne pénètre dans ma chaumière qui leur inspire une terreur superstitieuse. Là je veux que par un mariage secret la comtesse de Lussan t'appartienne.

— Mon père! mon père, un instant de folie vous inspire-t-il ce projet!

— Il y a vingt ans que j'y pense.

— Mais c'est mille fois impossible !

— Tu l'as dit tout à l'heure, en face du ciel, tout est possible et légitime pour la vengeance. Eh bien ! les diamans dont cette femme est chargée suffiront pour relever nos usines, rappeler le travail, rendre la vie à tout une population expirante. Toi, mon fils, tu auras en partage cette femme dont les plus grands, parmi les grands, envient la main avec ardeur. Et moi, qui ai arraché cent fois à cette noblesse de l'or, des joyaux pour les donner aux malheureux, je lui ravirai aujourd'hui une des plus belles perles de sa couronne pour la donner à mon Richard.

— Mon père, dit le jeune homme en posant la main sur sa poitrine, Dieu sait si la haine des grands est puissante dans ce

cœur, Dieu sait si l'indignation me brûle,
me dévore le sang, si je voudrais renverser à mes pieds les hommes de cette race
maudite, leur arracher leurs dépouilles,
en revêtir l'enfant du pauvre, nu, abandonné, l'élever dans mes bras et le mon-
trer à Dieu en lui disat : *Celui-là aussi
était ton enfant.* Tout le sang de mes veines, tout le courage de mon âme, je les
répandrais pour cette cause. Mais parmi
tant d'ennemis puissants prendre pour
victime une femme ! cela est lâche et re-
poussant.

— Cette femme, d'après ce que tu m'as
rapporté toi-même, est la fiancée du marquis de Saverny qui t'a odieusement in-
sulté, cette femme est la maîtresse du
chien auquel on a donné notre pétition

pour jouet et qui l'a déchirée et jetée dans l'eau du bassin.

— Oh ! oui, je m'en souviens bien, dit Richard d'un voix étouffée par la rage, cette femme à l'air si indifférent, si hautain, s'appelait la comtesse de Lussan... Elle a souri à son chien aimé... elle l'a caressé de ses belles mains...

— Enfin, s'écria le vieillard sachant bien qu'il enivrerait le courage de son fils par ces paroles, cette femme sera accompagnée sûrement d'un ou deux seigneurs et de ses gens, et nous ne serons que deux contre tous ! Moi, je le sens, je retrouverai encore une fois mes forces passées pour ce dernier combat, et toi mon fils tu seras heureux, n'est-ce pas, de tenter pour le premier, un coup aussi hardi ?

Richard était exalté au dernier degré par l'aspect du luxe effréné de la cour qui, le matin, s'était montré à lui, par les humiliations dont il avait été abreuvé dans le parc royal, par les tableaux d'oppression et de misère que son père avait remis sous ses yeux; et puis, il s'était trempé depuis longtemps auprès d'Ambroise des sentiments violents qui fermentaient dans le sein du vindicatif vieillard; il avait la même nature que son père, ardent jusqu'à la passion, enthousiaste jusqu'au fanatisme, juste jusqu'à la cruauté.

Il jura d'être le lendemain à minuit dans la forêt.

VOL A MAIN ARMÉE.

III.

Au milieu de la nuit, le silence était si
profond dans la forêt de Monthéry, qu'on
eût dit que nul être vivant ne s'y trouvait,
et que le grillon même était rentré sous
l'herbe. Cependant un épais taillis de chê-

nes, à l'angle des deux routes de Fontainebleau et de Paris, enfermait deux hommes bien armés et couverts de longues ca-
pes grises qui leur cachaient une partie du
visage. Mais pas un mouvement, pas un
souffle ne les trahissaient, pas un rayon de
leurs armes ne perçait l'épaisseur du feuillage, car ils étaient en présence d'un moment décisif.

Dans l'attente immobile et muette, la
vie s'arrête et réserve toutes ses forces pour
l'heure prochaine.

Le vieil Ambroise, par une puissance
d'excitation miraculeuse avait ressaisi un
instant toutes les forces musculaires de sa
jeunesse, car il voulait protéger autant
que seconder son fils, et prendre pour lui
la plus grande part du danger, Richard,

une fois la résolution prise, ne sentait plus
ni doute, ni réflexion, ni remords, mais
seulement la volonté de réussir. Volf, qui
avait l'habitude d'aller à la chasse avec Richard, était attentif et le poil hérissé; il
demeurait immobile parce que son maître
était immobile; il tenait sa gueule entr'ouverte et ses ongles tendus parce que son
maître se disposait au combat; il ne savait
rien autre chose, mais il voulait servir son
maître.

Deux paysans et un loup attendaient
une escorte de gens de cour dont le nombre leur était inconnu.

Dans la soirée, un élégant équipage
était sorti de la royale avenue de Fontainebleau. C'était un carrose ouvert de la
forme la plus nouvelle, armorié d'argent

sur un fond bleu, conduit par deux chevaux barbes, la tête ornée de blancs panaches, la crinière tressée de gances d'argent et de rubans azurés. Dans le fond de
la voiture étaient, à demi étendus sur des
coussins de velours blanc, la comtesse Valentine de Lussan et le marquis de Saverny; sur le devant, le baron de Vaubecourt, frère de madame de Lussan.

Le marquis pensait aux chances favora-
bles qui étaient venues lui sourire, à la
rare fortune qu'il avait eue de voir changer, par la capricieuse bonté de Louis XIV,
la punition qu'il avait si bien méritée contre un des plus brillants mariages que son
ambition pût rêver. La comtesse Valentine
songeait à ce même mariage, mais avec
une satisfaction beaucoup plus incertaine

et avec quelques réflexions sérieuses, tem-
pérées cependant par l'insouciance et la
légèreté de son âge et de son caractère. Le
baron de Vaubecourt ne pensait à rien,
car ayant pu s'emparer de toute la largeur
des coussins, il était tombé dans une
douce somnolence, que berçaient molle-
ment les vapeurs des vins d'Espagne et de
France.

Sur le siége auprès du cocher était le
compagnon inséparable de la comtesse,
l'important petit chien Fanfreluche, qui
avait désiré prendre place au grand air ;
un domestique à cheval suivait la voiture.

Le marquis de Saverny, qui pendant
toute la journée avait adressé à madame
de Lussan une cour empressée, cherchait

sans cesse l'occasion de revenir sur l'union
projetée qui le comblait de joie.

— Je pense, disait-il en ce moment,
que nous reverrons bientôt à la cour une
partie des fêtes données ces jours-ci. Si j'en
crois la faveur dont notre gracieux souverain vous comble si largement, et celle
qu'il a l'insigne bonté de m'accorder aussi,
il voudra déployer pour notre union une
pompe semblable à celle qui vient de présider au mariage des princes du sang.

— Cela est possible, mais nous en joui-
rons bien moins ce jour-là, marquis; car
pour les conviés d'une noce, les réjouissances sont l'objet principal, et la cérémonie sainte se montre seulement comme un
tableau plus grave qui doit faire constraste;
mais pour ceux que regarde la solennité

du mariage, elle absorbe assez leur pensée dans sa haute importance pour que le bal ne semble plus qu'un vain accessoire.

— Je crois cependant que le bonheur des âmes ne perd rien pour être entouré d'autres jouissances plus frivoles, et, après ces jours de fêtes nuptiales, je veux que le luxe et la splendeur pour lesquels vous êtes si bien faite vous environnent et suivent partout vos pas. Je veux vous monter une maison dont le ton et l'éclat vous fassent partout des jalouses et mettent en deuil la vanité de toutes nos grandes dames. Vous aurez un vaste hôtel, une livrée nombreuse, des lambris de marbre, des tapis d'Orient, une magnifique orfévrerie, des glaces de Venise de toute part.

— J'aimerais mieux les beaux et sombres paysages du Poussin, les tableaux de Lesueur aux angéliques figures, les statuettes que le roi fait venir des musées romains.

— Vous les aurez également. Il vous faudra aussi un château dans les environs de Paris, parce que nos terres à tous deux sont trop éloignées de la cour pour y faire de fréquents voyages. Nous achèterons, si vous le voulez, cette riante seigneurie de Montgiron, dont les jardins s'étendent au bord de la Seine. Madame de Noailles veut la vendre afin de venir dire chaque jour au roi que ses fiefs diminuent, et d'exciter par là la généreuse pitié du souverain.

— Mon Dieu, de quoi se plaint-elle ? elle

a encore plus de couronnes princières que de cheveux noirs pour les porter.

— Si le château de Montgiron vous convient, nous l'aurons pour deux cent mille livres.

— Non, je voudrais quelque vieux manoir dont l'aspect me rappelât ma province de Périgord, qui en est encore aux constructions des derniers siècles; je voudrais un château dont la fondation fût une légende, et où il y eût encore quelque tradition effrayante, car j'aime à braver le danger; je n'aurais pas même redouté le séjour de la *Logette au Diable* que M. Lhullier le conseiller au parlement de Rouen, avait vendu à vil prix à ce pauvre duc de Rohan parce qu'elle avait la réputation d'être hantée par les mauvais esprits.

— Alors je crois avoir ce qui vous convient. Le marquis de Puységur, ce galant octogénaire qui porte toujours la coiffure du jour sur sa tête du siècle passé, me dit souvent qu'il veut se défaire de son château de Givry, qui date du quatorzième siècle, parce qu'il en trouve les ornements trop anciens...

— Les sculpures trop anciennes, bon Dieu ! C'est donc son médaillon qui orne les murailles.

— Probablement, alors je pense que cela pourra vous satisfaire en fait d'antiquité. Nous ferons l'acquisition de ce manoir s'il peut vous plaire, et nous l'habiterons quelques mois de l'été. Vous aurez l'espérance d'y voir revenir les démons, et moi je serai toujours sûr d'y trouver un ange.

Jamais il n'y eut projets de bonheur moins chimériques que ceux là, jamais on ne vit avec autant de certitude un brillant avenir : nul rayon du ciel ne pouvait manquer à ses beaux jours, les fleurs, les moissons, les fruits savoureux de sa route ne craignaient aucun vent contraire. Ces deux jeunes et nobles fiancés s'appuyaient sur la protection royale, aussi puissante en ce temps là que la divinité même.

La nuit avançait et la voiture était au milieu du bois.

Au premier roulement qui s'était fait entendre au fond de la route, on eût dit que ce faible mouvement avait eu un retentissement magnétique au fond du mas-

sif de chênes, car le feuillage, partout immobile, avait frissonné en cet endroit.
Comme le carrosse approchait, une voix
bien basse prononça dans le taillis :

— Avançons.

— Non, dit une autre voix, les forces
sont inégales, et nous ne devons nous mon-
trer qu’en frappant.

Au moment de tourner de la route de
Fontainebleau à celle de Paris, le carrosse
s’arrêta subitement. Le cocher dit à la
comtesse :

— Madame, je suis sûr qu’il y a des
loups sur cette route : Franfreluche jappe
pour nous avertir, et il ne veut pas qu’on
avance davantage.

— Au fait, dit le marquis, le bois est
bien fourré de ce côté, il peut certaine-

ment y avoir des loups, et peut-être même des malfaiteurs.

— Qui parle de malfaiteurs? dit en secouant sa grosse perruque le baron de Vaubecourt, que ce mot avait éveillé.

— Il vaut peut-être mieux, continua Saverny, rebrousser chemin et prendre la grande avenue du milieu.

— Non pas du tout, dit madame de Lussan, je ne veux pas me promener dans ce bois toute la nuit. J'ai du monde à souper, et il faut que j'arrive assez tôt pour avoir le temps de me recoiffer.

— Madame, c'était pour vous que je parlais, répondit le marquis, je ne voulais que vous épargner un moment de frayeur.

— C'est pour vous, répliqua-t-elle en

riant, vous pâlissez de crainte... Regardez Fanfreluche, il prévoit le danger, lui, mais il n'a pas changé de visage.

— Au fait, ma sœur, dit le futur conseiller, je ne vois pas pourquoi vous vous obstineriez à suivre ce chemin, si nous pouvons y rencontrer quelque fâcheux évènement.

— Ce serait une bonne fortune pour vous, mon cher magistrat, répondit-elle. Vous ne voyez les voleurs de grande route qu'au palais de justice, et lorsqu'ils sont raides et comme empaillés sur le banc des accusés ; ici vous les verrez tout vivants et sur leur terrain. Vraiment ce sera une belle occasion d'exercer votre ministère ; vous les jugerez au bruit des mousquets, et vous les condamnerez, monsieur le conseiller, à se retirer en vous saluant... Partez, cocher, et avançons.

La voiture reprend son chemin. Elle est en face du taillis de chêne.

Volf saute au frein des chevaux qui se cabrent et s'arrêtent; d'un autre bond il saisit le cocher et le renverse de son siége. L'autre domestique à cheval est emporté par sa monture qui a pris le mors aux dents à la vue d'un loup.

En même temps, Richard est en face du marquis de Saverny, qui s'est élancé à bas de la voiture, et Ambroise, armé de deux pistolets et tenant une épée entre les dents, est devant le magistrat qui s'est jeté à terre de l'autre côté. La comtesse, pâle de terreur, mais opposant encore son courage au danger, est demeurée au fond du

carrosse. Volf a jeté le cocher si rudement
à terre, que celui-ci est hors de combat et
incapable de venir au secours de ses maîtres.

La nuit est calme et toujours inondée
de la lumière de la lune ; le silence le plus
profond règne dans l'étendue de la forêt,
et il a à peine été interrompu sur le lieu
de la scène, car, après les premiers cris de
frayeur jetés par les voyageurs, le trouble,
l'étonnement, l'ignorance où ils sont encore de l'étendue du péril les retient frap-
pés de stupeur.

Saverny a porté la main à son épée,
mais l'étourdissement, l'effroi, lui ôtent la
force de la tirer.

— Ah ! monseigneur, dit Richard qui
tient la main gauche appuyée sur l'épaule

du marquis, et de la droite lui pose le ca-
non d'un pistolet sur la poitrine, vous
voilà bien étonné qu'il y ait un coin de la
terre où vous ne soyez pas maître; mais
vous avez tant méprisé *les animaux des
bois,* qu'ils devaient tâcher de reconquérir
l'estime de votre seigneurie en lui montrant un peu ce qu'ils savent faire.

Saverny, l'une des meilleures lames de
France, reste pourtant presque sans force
contre cette attaque brutale et sauvage où
il croit qu'on en veut à sa vie. Cependant
son courage ne peut entièrement l'a-
bandonner; il se décide, dans une de ces
réflexions plus rapides que l'éclair, à frapper de son épée le bras du brigand qui
tient le pistolet sur son sein; s'il touche
juste, son ennemi est désarmé; si sa lame

faiblit, l'arme à feu part, et il est mort. Il tente ce coup extrême.

Richard a le bras traversé, l'épée s'est brisée et la pointe est restée dans ses chairs ; mais en lâchant le pistolet de cette main il l'a saisi de l'autre, et, irrité par sa blessure, il va faire sauter le crâne de son adversaire. A l'instant un cri déchirant est jeté par la comtesse qui a vu l'arme se lever. Ce cri, cette plainte de femme qui sort des entrailles, va répondre au fond des entrailles de Richard, le fait tressaillir, donne un soubresaut à sa main, et le coup qui partait dans cet instant au lieu de porter juste, effleure seulement le front de Saverny.

Légèrement blessé, mais étourdi du coup et le visage baigné de sang, il tombe sur la poussière, Richard pose un genou sur sa poitrine et le retient prisonnier.

De l'autre côté de la voiture, voici ce qui se passe en même temps.

Ambroise, qui a mis la main au collet du magistrat, lui dit de la voix du commandement :

— Rendez-vous, donnez bourse, montre, chaînes d'or, bijoux, et vous serez libre de fuir.

Vaubecourt n'obéit point vite à ces ordres, et irrité de sentir sur lui la main du brigand, il essaye de lutter avec son terrible adversaire, mais la première étreinte du robuste vieillard le serre, l'étouffe à lui faire rendre l'âme; il pousse un cri aigu, et mettant la main à ses goussets, il commence à jeter aux pieds du voleur les objets qu'il demande.

— A genoux ! s'écria Ambroise.

En même temps il saisit son adversaire par les deux poignets qu'il presse avec violence en les abaissant vers la terre, et fait tomber le seigneur prosterné devant lui.

— Donnez à genoux votre or, vos bijoux, monsieur le juge, ajoute-t-il, car vous les avez volés dans d'indignes exactions; vous les avez arrachés aux malheureux qui venaient vous demander justice et qui étaient forcés de l'acheter.

Le magistrat, de la main que son vainqueur lui laisse dire, répand autour de lui tout l'argent qu'il porte, ses agrafes de diamants , ses chaînes , ses aiguillettes d'or.

Le voleur de profession regarde attenti-
vement ce qui lui est livré, tandis que le
baron ôte les derniers anneaux de ses
doigts.

— Est-ce tout? demande Ambroise.

Vaubecourt, frémissant de rage, veut
profiter de la position humiliante où il se
trouve. Atterré devant le brigand dont il
voit la taille colossale dominer sur lui, il a
l'air de prendre son épée dont la poignée
est enrichie de pierreries pour la livrer
ainsi que tout le reste; mais il la tire du
fourreau et en frappe son ennemi en s'é-
criant :

— J'ai encore ceci pour toi.

D'une main aussi rapide que forte le
vieillard détourne l'épée au moment où
elle effleure ses chairs, de l'autre il appuie

un poignard sur la poitrine du seigneur;
et il lui dit :

— Conseiller Vaubecourt, si tu veux
continuer à juger et condamner les hommes du haut de ton tribunal au lieu d'être
toi-même jugé, condamné et exécuté à
l'instant, rends-moi cette épée, dépose-la
devant moi comme devant ton vainqueur,
qui t'a fait crier merci.

Le baron dépose son épée.

Les deux paysans étaient vainqueurs.

De hauts arbres entourant cette clairière
profonde cachaient l'horizon de tous côtés. N'apercevant que ce coin du monde,
on eût dit à voir ces deux hommes en cape
grise et ce loup dressé à leur côté, tenant
renversé devant eux ces seigneurs, cet
équipage de cour, et autour du groupe

cet or, ces diamants semés sur la poussière.
on eût dit que le règne d'une justice sauvage et cruelle était venu sur la terre.

Cependant la comtesse, malgré sa terreur, a examiné tout ce qui se passait;
elle frémit à l'idée que ces brigands pourront porter la main sur elle. Elle se hâte
de dépouiller ses parures; le tremblement
de sa main l'empêche de les détacher aussi
vite qu'elle le voudrait; elle se presse davantage et jette loin d'elle son collier, ses
bracelets, le diadême qui entourait ses
cheveux; ces joyaux tombent de tous côtés, et à la lueur des étoiles, le sable étincelle de pierreries.

Ambroise les regarde d'un œil ardent et
se dispose à les recueillir. Vaubecourt fait
un mouvement pour se relever, et songe à

frapper le brigand tandis que la préocupation de celui-ci lui donnera l'avantage. Le vieillard le prévoit; d'une main de fer il étend le seigneur tout de son long sur la terre, puis il fait entendre un léger sifflement; Volf est aussitôt à ses côtés. Son maître lui fait un signe; alors l'animal, une patte posée sur la poitrine de l'homme renversé, l'autre levée en l'air et recourbée, les yeux fixes et flamboyants, dans l'attitude d'un chien qui veille sur sa proie, tient le seigneur en arrêt.

Tandis que la comtesse est penchée à demi évanouie sur les coussins de la voiture, que Richard tient le marquis fixé à terre sous le poids de son genoux, et que Volf répond du conseiller, Ambroise ramasse une à une toutes les richesses qu'il vient de conquérir, et les rassemble soigneusement dans une gibecière, sans laisser un seul brillant s'égarer dans la poudre. Puis, n'oubliant rien, il s'approche du siége de la voiture, arrache au petit chien, qui s'était caché tout tremblant entre les coussins, son collier de rubis du prix de dix mille livres; et, joignant ce bijou aux autres, ilsuspend le havresac à sa ceinture.

Madame de Lussan, épouvantée au dernier point de l'approche du brigand, agite ses bras dans les plus cruelles angoisses :

Ambroise la regarde avec une expression implacable, terrible, et où se mêlent pourtant des rayons d'admiration et de joie.

— Nous n'avons plus rien ! s'écrie la

comtesse en étendant vers lui des mains suppliantes, plus rien, je vous le jure! au nom du ciel laissez-nous partir.

— Le plus précieux reste à prendre, dit Ambroise.

En même temps il saisit la jeune femme dans ses bras et l'emporte malgré ses cris, qui se taisent bientôt sous le mouchoir imprimé sur sa bouche.

Quand il est déjà loin, Richard et Volf, laissant leurs vaincus sur la terre, s'élancent sur ses traces, et tous trois disparaissent dans la forêt.

Il ne reste plus sur la route que les deux seigneurs et le domestique, tous trois étourdis, abattus de la violence du choc qu'ils ont reçu. Le marquis est blessé légèrement, mais cependant incapable d'agir.

Le conseiller a peine à se relever sur ses
lourdes jambes, quoiqu'il s'aide pour cela
des plus énergiques juremens que sa langue puisse lui fournir. Le cocher, jeté à
bas de son siége par Volf, n'a reçu que
quelques horions de son adversaire, mais
la chute y a joint d'autres contusions qui
le mettent hors d'état de marcher. Il est
donc impossible de songer à poursuivre
les ravisseurs; et ce que les malencontreux
voyageurs peuvent faire de mieux est de
remonter en voiture, de reprendre la route
de Paris en maugréant de toutes leurs
forces, et en jurant bien sur Dieu et leur
épée de retrouver leur belle et chère comtesse de Lussan.

UN MARIAGE DE HAINE.

IV.

Un dimanche soir, peu de temps après
la nuit laborieuse dans laquelle Ambroise
et son fils effectuèrent au fond du bois de
Montlhéry leur audacieux projet, une petite église, située sur la hauteur du ha-

meau de Cerny se parait du peu d'ornements qui pussent lui être fourni par sa
pauvre sacristie. Ce frêle bâtiment, formé
de deux pans de murailles attachées à un
rocher qui en faisait le fond, ne pouvait
prendre le nom d'église que de la croix
qui surmontait un petit clocher à jour, et
de la piété des fidèles qui venaient la consacrer de leurs prières.

La rustique cabane qui s'élevait à côté
ne méritait guère mieux le nom de presbytère. C'était une étroite chambre garnie
de symboles de piété, de livres religieux et
de quelques tableaux bibliques qui, par
leur choix, cependant témoignaient du
goût de celui qui les avait rassemblés là.
Autour de cette seule pièce étaient une
grange, une étable, un hangard rempli

d'outils aratoires, indiquant que le pasteur une fois sorti de l'autel, gagnait sa vie en travaillant la terre comme les plus pauvres paysans, ou plutôt n'était qu'un paysan lui-même revêtu de la lumière divine, et répandant plus sûrement les consolations d'en haut parmi ses frères, en communiquant chaque jour avec eux.

Comme les arbres qui n'ont pas été greffés, comme les plantes qui poussent entre les fentes des rochers, le pasteur de Cerny pouvait être appelé un prêtre sauvage. Relégué tout jeune au fond des bois, il avait été soustrait à l'éducation de l'église, à son faste, à ses exemples pernicieux. On lui avait donné le sacre et puis on l'avait envoyé dans cette agreste et pauvre cure, que

nul prêtre civilisé n'eût voulu desser-
vir.

Là, guidé par l'ineffable tendresse de
son âme, et par l'étude des livres saints, il
s'était donné lui-même le véritable sacre,
la piété divine. Il avait pris l'esprit évangé-
lique dans sa sévère essence, il se croyait
prêtre simplement pour donner les secours
spirituels à ceux dont la vie intérieure lui
était confiée, sans avoir jamais pensé qu'on
pût retirer un bénéfice pécuniaire de ces
dons du ciel. S'il avait su qu'on osât taxer
un sacrement, une bénédiction de Dieu, à
un certain nombre d'écus, et qu'on ne
voulût les délivrer qu'à ce prix, il eût été
bien surpris de cette stupide impiété.

Ce prêtre sauvage était donc là comme
une goutte d'eau lustrale jetée sur un

champ pour le bénir, comme une croix plantée sur un rescif dans un périlleux passage.

Son unique existence était l'exercice de son saint ministère et la culture d'un champ qui le faisait vivre et lui permettait de donner parfois aux malheureux; son seul bonheur, la seule chose qui eût jamais amené le sourire sur son visage, où ne brillait ordinairement que la paix de l'âme, était l'éducation de son neveu que son frère Ambroise lui avait confié en bas âge.

Le vieil Ambroise qui, suivant toutes les inspirations de sa rude et impétueuse nature, avait nié si hardiment dans son esprit les lois de Dieu et de la société, et avait porté la révolte contre le sort jusqu'aux

dernières limites, se sentait humble et timide devant son frère ; son frère était sa
seule religion, et il lui vouait le culte d'a-
mour le plus tendre. Il avait voulu que son
fils fût nourri, élevé, formé dans cette atmosphère de vertu.

Pour instruire cet enfant adoré, le pasteur s'était mis à s'instruire lui-même ; il
avait étudié tout ce qui lui manquait. Le
nombre de ses livres était très-borné, mais
c'était une raison pour y puiser davantage,
parce qu'en revenant toujours aux mêmes
pages il en extrayait toute l'essence ; il y
trouvait pour son élève l'instruction solide
et la culture poétique.

Rien qu'en faisant étudier à Richard la
bible, l'évangile, la vie des pères de l'é-
glise, et le fond de tableau sur lequel ces

grands personnages se détachent, il avait
su lui inculquer une foule de pensées sur
l'homme et ses fins, et lui donner de sages
enseignements sur la vie réelle. En même
temps ces livres explorés par lui en ce
qu'ils offrent de délicieux sentiments
étaient venus fournir des aliments favora-
bles aux vives émotions, aux instincts de
tendresse et de dévoûment qui venaient
de bien bonne heure assaillir l'âme du
passionné jeune homme.

Dans ses moments de repos, le pasteur
avait appris à peindre, il l'enseignait à Richard; alors, en faisant suivre à sa jeune
main les contours suaves d'une fleur, les
accidents harmonieux d'un paysage, où
les lignes inspirées d'une figure sublime,
il lui révélait la poésie; la poésie, source

de toutes les grandeurs d'âme et de toutes les belles actions de la vie.

Lorsque le jeune Richard était devenu un homme bien développé par lui d'intelligence et de cœur, il avait vu moins constamment son élève , dont le travail était alors utile aux champs et à la manufacture établie par son père; mais jamais cependant Richard n'avait passé un jour sans aller donner quelques instants de bonheur à son maître et en trouver près de lui.

Ce dimanche au soir , le prêtre des champs sentait pour la première fois de sa vie une vive agitation remplacer la quiétude de son âme résignée et sereine. Il y avait quelque chose de passionné dans sa prière, son cœur battait violemment, une larme de jeunesse etait revenue mouiller sa paupière : ce n'était plus un pasteur implorant Dieu pour ses fidèles, c'était un père priant pour son fils.

La veille, le vieil Ambroise était venu lui dire que Richard allait contracter une union que des raisons particulières forçaient à tenir, pendant quelques années, entièrement secrète; qu'il lui amènerait dans la nuit suivante le jeune homme et celle qui devait s'unir à lui, afin que le saint ministre, le second père de Richard, voulût bien bénir leur mariage.

Après avoir mis son *rocher* le plus fin, son aube de mousseline blanche, à laquelle venait s'unir sa blanche chevelure; après avoir aussi paré son autel d'une

nappe fine, d'une croix d'argent et de
deux vases de fleurs, il vint se placer sur
le seuil du petit temple, posa deux flambeaux sur les degrés, afin que les voyageurs
pussent gravir un peu plus facilement le
sentier montant et rocailleux qui conduisait jusque-là, et, à demi agenouillé, il
abaissa la tête contre le sol, comme le font
les hommes des terres sauvages, pour entendre de plus loin les pas de son bien-
aimé Richard.

Au bout de peu d'instants, la petite escorte arriva lentement et dans le plus profond silence.

Sur une mûle était une femme vêtue de
blanc, couverte d'un voile blanc, dans une
attitude penchée et un accablement extrême. A côté marchait Ambroise ; le

grand vieillard , dressant fièrement sa haute taille et ayant un bras passé autour de la ceinture de cette femme , la soutenait sur sa monture. De l'autre côté était Richard , les bras croisés sur sa poitrine , la tête inclinée et couverte d'un grand feutre qui l'ombrageait des rares lueurs venant du ciel et des flambeaux de l'église, et cachait entièrement l'expression de ses traits.

Les trois voyageurs descendirent et la cérémonie commença.

Le prêtre était à l'autel, les deux époux agenouillés sur des nattes de paille, Ambroise au fond, à gauche de l'autel, adossé contre la muraille, à demi caché par le tabernacle aux yeux de son fils et du pasteur, mais bien visible à ceux de la comtesse de Lussan qui se trouvait en face de lui.

La nuit était tiède et pure; l'ombre se mêlait des plus limpides rayons des étoiles, et le calme de l'air était plein de sérénité. En même temps, les plus violentes passions, les plus cruelles douleurs s'agitaient dans le sein de ces trois êtres, sans que le moindre mouvement troublât la face immobile de leurs traits.

Ambroise, après l'enlèvement de la comtesse de Lussan, lui avait révélé ce qu'il attendait d'elle; il lui avait déclaré qu'elle devait devenir secrètement l'épouse de son fils, sous peine de perdre la vie; qu'elle devrait ensuite rester enfermée dans cette mâsure; car, après l'acte de violence dont il avait usé envers elle, et la loi qu'il

lui dictait en ce moment, son retour à
la liberté serait le signal de sa perte im-
manquable à lui-même.

Le ravisseur avait été forcé, pour l'a-
mener à ses fins, d'adresser à la tremblante femme des menaces qu'il était bien
loin de sa pensée d'effectuer; car, au milieu de ses vols, de ses brigandages, jamais,
du moins, le sang versé n'avait souillé ses
mains.

Valentine de Lussan, tombée aux mains
de cet implacable paysan, était dans la situation des prisonniers de guerre pris par
les sauvages et destinés au supplice. Mais
du moins les hommes de ces terres barbares ne font subir à leurs captifs que les
tourments du corps, tandis qu'elle, c'é-
tait son âme, son honneur, sa destinée

toute entière qu'on voulait enchaîner et torturer des coups les plus cruels. L'étonnement, la terreur égarait sa raison; elle avait été quelques instants à comprendre ce qu'on exigeait d'elle, son esprit ne pouvait admettre cette bizarre volonté du terrible vieillard... Elle ! devenir l'épouse d'un paysan ! cela lui semblait un songe horrible...

Enfin l'espoir et presque la certitude que ses amis, qui sûrement cherchaient ses traces, les découvriraient bientôt, la rendrait à la liberté, et feraient rompre un lien formé par la violence, avaient déterminé son consentement au sacrifice qu'on exigeait d'elle pour racheter sa vie.

Mais Ambroise craignait encore le moment décisif de la cérémonie. Toujours faible et craintif devant son frère, ce qu'il redoutait le plus au monde était qu'un de ses attentats fût connu de cet homme de piété et de résignation, à qui il semblait qu'on dût accepter le martyre, sous quelque forme qu'il se présentât, plutôt que de nuire à aucun de ses semblables. Le ravisseur de Valentine plaçant un poignard dans sa ceinture avait juré à la jeune femme que si elle laissait voir la contrainte dont on usait envers elle au prêtre qui allait bénir son mariage, que si elle révélait sa situation par la moindre plainte, par le moindre cri de révolte; il la tuerait avant qu'elle eût le temps d'en terminer l'aveu.

Et maintenant le vieillard, debout devant la victime, le front armé d'une réso-

lution terrible, la main posée sur l'arme
qui était à sa ceinture, le regard fixe et
embrassant tous les mouvements de la
tremblante femme, montrait qu'il était
capable de tout pour arrêter une parole
imprudente sur sa bouche.

La belle Valentine, à genoux et à demi
repliée sur elle-même; la tête inclinée sur
sa poitrine, le front couvert d'une pâleur
mortelle, laissait se dérouler le rituel de
la cérémonie sainte sans en suivre le cours;
elle n'avait aucune force pour la révolte,
elle n'avait aucune douceur dans l'âme
pour la prière. Elle s'était flattée jusqu'au
dernier moment que quelque miracle du
ciel viendrait la délivrer du supplice
étrange auquel elle était condamnée....
Mais maintenant tout était fini. Plongée

dans un abattement qui lui ôtait presque la connaissance de ce qui se passait, elle ne sentait qu'une douleur violente dans son cerveau et un vague étrange dans ses idées. Et quand l'infortunée, revenant un peu à elle-même voulait chercher quelque force, quelque consolation dans la contemplation du Christ, en levant les yeux elle rencontrait la figure calme et implacable d'Ambroise, dont la ferme et cruelle volonté semblait écrite sur le front en rides profondes.

Richard était toujours sous l'empire de cette irritation à la fois exaltée et profonde qui l'avait fait consentir à l'attentat auquel son père l'entrainait. L'acte de violence qu'il accomplissait à cette heure, et où il n'avait pas eu le temps de voir tout ce qu'il y avait de barbare et de sacrilége ne lui semblait que la conclusion de sa vengeance : c'était le vol des biens de la noblesse qu'il consommait par la capture irréfragable d'une femme de ce rang; il achevait son œuvre de triste justice avec une volonté ferme, mais avec la douleur d'une âme peu faite pour les sentiments cruels, et sa voix, en répondant aux versets des prières, était sourde et profondément altérée.

En même temps, par un constraste étrange, le cadre qui entourait ce sombre tableau avait une douceur toute radieuse et une simplicité pleine de grâce; l'atmosphère la plus suave et la plus pure enveloppait ces figures froides et tristes comme les statues des tombeaux. La reli-

gion était là dans ce naturel qui lui laisse
toute son essence divine ; la voix du prêtre en lisant les paroles sacramentelles, en
faisant entendre la sainte poésie des psaumes, était pleine d'une haute et grave
piété ; les tendres émotions qui palpitaient
dans le sein du vieillard y mêlaient un
léger tremblement et l'inflexion la plus
touchante. Dans ce petit temple, mêlé
d'ombre et de lumière, des branches d'arbustes environnants pénétraient par des
lézardes et des ogives démantelées, et
laissaient pendre dans l'intérieur des guirlandes de chèvre-feuille, d'églantines, de
jasmin, qui embaumaient l'air de leurs
suaves émanations. Le vent de la nuit,
glissant de toute part balançait la clarté
des flambeaux, dont la lumière éclairait

tour à tour dans ses mols ondoiements les livres saints, les fleurs de l'autel, la chevelure blanche, la figure sainte et douce du vieux prêtre, et la beauté éclatante des deux jeunes êtres qui se présentaient à sa bénédiction. En même temps, sur un amandier qui verdoyait devant la fenêtre, un rossignol, que ne troublait point les paroles basses de la mystérieuse cérémonie, continuait sa chanson nocturne, et laissait tomber après chaque verset des psaumes sa longue note mélodieuse.

Le moment décisif était venu; le prêtre fit au jeune époux la demande usitée; il répondit le oui sacramentel d'une voix pleine et assurée, qui vint frapper douloureusement dans le sein de la malheureuse femme. Alors le ministre posant la

main de Valentine dans celle du jeune
homme, elle sentit la raideur de cette
main de laboureur et la rudesse de sa peau,
elle vit encore ce bras en écharpe de la
blessure reçue dans l'attaque nocturne;
ce contact la fit frisonner jusqu'au fond de
l'âme; tout le malheur de sa situation vint
fondre dans son sein; la pensée de s'élan-
cer hors de l'église, et de se briser la tête
contre les rochers s'empara d'elle; elle fit
un mouvement en arrière... Mais quoiqu'elle tînt les yeux baissés, comme elle
l'avait toujours fait jusque là, une lueur
bleuâtre vint glisser sous sa paupière; c'é-
tait une étincelle du poignard qu'Ambroise,
retiré derrière son frère, faisait briller à
ses yeux. Valentine n'était qu'une faible
femme, et même, en désirant la mort, en

songeant à se la donner, elle avait peur de cette lame... Elle jeta le mot oui avec l'accent dont elle eût crié *grâce !*

La cérémonie reprit son cours et s'acheva dans la limpidité paisible de minuit, aux parfums des roses sauvages et aux chants de l'oiseau de nuit.

Le saint prêtre, voyant l'émotion profonde et mystérieuse à laquelle Richard était en proie, ne put que le serrer dans ses bras et lui dire par son étreinte qu'il trouverait toujours des consolations près de lui.

Les trois personnages de cette scène repartirent dans le même silence morne et sombre où ils étaient venus, et arrivèrent au hameau au milieu de la nuit. Le père Ambroise prit une lampe, conduisit la comtesse dans une chambre supérieure qu'elle avait habitée depuis son arrivée, et qui, avec celle de Richard située à côté, formait tout le premier étage des ruines. Il posa la lampe sur une table près de Valentine et la laissa seule.

La jeune femme se laissa tomber dans un grand fauteuil de cuir, brisée, anéantie.

La pièce où elle se trouvait n'avait que des murailles nues et crevassées, une table de bois grossier scellée à la muraille, une grande caisse de planche de sapin garnie de rideaux de serge verte qui servait de couche; pour siége des escabelles de bois et ces maçonneries qu'on élevait autrefois de chaque côté de l'embrasure des fenêtres, rendues si profondes par l'é-

paisseur des murailles. La faible lueur
d'une lampe éclairait cet intérieur misérable.

C'était là que Valentine de Lussan était
mariée, établie, dame et souveraine.

Le roi, qui depuis une année cherchait
dans quel séjour assez somptueux, assez
magnifique, assez pourvu de tout ce qui
charme l'esprit et les sens, il pourrait
établir sa chère comtesse de Lussan, n'a-
vait pas songé à celui-ci.

Valentine était plongée dans la plus
triste rêverie quand elle entendit des pas
sur l'escalier, et reconnut instinctivement
que c'étaient ceux de Richard. Elle tressaillit, elle croisa ses mains jointes sur
son sein, et son sang se glaça dans ses
veines. Elle regarda la porte de sa cham-

bre avec des yeux hagards. Elle avait bien
compris que, par le mariage auquel on
la contraignait, ces paysans envieux et
poussés à bout par les vexations des seigneurs, avaient voulu s'approprier toute
sa fortune, au lieu de simples bijoux arrachés dans un attentat nocturne, et hu-
millier une noblesse ennemie dans sa per-
-sonne en la soumettant à une alliance
horriblement disproportionnée, mais elle
n'avait jamais cru que ce paysan osât songer aux droits qu'il avait acquis sur elle-
même. Si cette pensée se fût seulement
présentée à son esprit, elle se serait tuée
plutôt que de contracter ce lien. Elle eût
la première atteinte de cette terreur en
entendant les pas qui s'avançaient. Elle
espéra que le jeune homme regagnait sa

chambre à lui qui était voisine de celle-ci,
elle chercha à se le persuader pour cal-
mer ses esprits, car elle se sentait mourir
de frayeur. Mais au même moment Richard entra.

Il ne lui avait jamais inspiré autant
d'effroi, et ce fut en ce moment pourtant
qu'elle leva les yeux sur lui pour la première fois. Sa belle et noble stature se
dessinait sous la simple veste de laine
brune; ses longs cheveux noirs qui tom-
baient jusque sur ses épaules encadraient
gracieusement une figure régulière dans
laquelle brillaient de magnifiques yeux
noirs, la pâleur et la tristesse empreintes
sur ses traits allaient admirablement bien
à leurs contours mâles et sévères.

— Madame.... ne tremblez pas, dit-il,

je n'ai jamais voulu pousser la coupable action que je viens d'accomplir jusqu'au sacrilége. Vous, en trouvant un homme dans un paysan ; moi, en dérobant par la violence ce que l'amour seul doit donner, nous dérogerions tous deux. Je vous jure de ne jamais passer le seuil de cette porte avant l'heure de ma mort. Voici la clef de votre chambre avec laquelle vous pouvez vous enfermer. Elle vous appartient, à vous seule. Je vous la donne comme un gage visible de mon serment.

A ces mots, il jeta la clef sur la table et sortit.

VALENTINE DE LUSSAN.

V.

Demeurée seule, Valentine s'enferma
dans sa chambre avec une joie extrême.
Sa captivité, qu'elle regardait avec désespoir peu de minutes auparavant ne lui
sembla plus rien après le moment d'an-

goisse qu'elle venait de passer. Elle se mit paisiblement au lit : son corps souple, délicat, aux formes voluptueuses s'étendit sur la dure; ses cheveux fins, imprégnés des plus suaves parfums, se déroulèrent sur l'oreiller de toile rousse; son bras blanc et gracieux retint la grossière couverture sur son sein, et elle s'endormit d'un paisible et profond sommeil.

La douceur de ce repos, assez étrange dans une semblable position, tenait peut-être à la nature de cette jeune femme que nous allons faire connaître en quelques mots.

Marie-Valentine était fille du baron de Vaubecourt, maréchal de France. Elle fut élevée dans un château solitaire au fond du Périgord, tandis que son père était retenu à l'étranger par les guerres incessantes de cette époque. Sa mère était morte en lui donnant la vie; elle connaissait à peine son frère, plus âgé qu'elle de douze ans, et habitait une solitude où la présence d'une vieille et inepte gouvernante ne servait qu'à répandre plus de tristesse et de froideur. Ainsi, dès que la jeune fille eut besoin de penser et de raisonner, elle s'accoutuma à s'entretenir avec elle-même.

Valentine avait dix ans quand son père grièvement blessé à la guerre des Pays-Bas, quitta le service et vint s'établir dans sa terre. Il avait cinquante-cinq ans; il était courbé, valétudinaire, grisonnant, couvert de blessures et de décorations; il ne parut d'abord aux yeux de l'enfant que comme l'un de ces portraits de vieux chefs militaires qu'elle était accoutumée à voir suspendus à la muraille. Quand elle put distinguer l'être vivant des portraits de famille, elle eut pour son père, bon et vertueux, un culte filial, dans lequel entraient le respect, l'admiration, la tendresse profonde et dévouée, mais non l'amitié intime, abandonnée, communicative, heureuse.

Le baron de Vaubecourt ne revint pas seul dans sa terre. Il amena avec lui le comte de Lussan, un vieux et noble frère d'armes.

Par un hasard singulier, l'existence de ces deux braves combattants avait toujours été intimement liée. Ils avaient fait leur première campagne ensemble, ils avaient vu le feu pour la première fois à la même bataille; ils avaient promené leur belliqueuse jeunesse dans les mêmes contrées de l'Europe, et c'était aussi dans la même affaire que tous deux avaient été mis hors de combat. Ils avaient voulu se retirer ensemble sous le même toit pour y finir paisiblement la vie; et, comme ils traversaient ensemble les campagnes du Périgord, un devin de ces contrées sauvages leur avait prédit qu'ils mourraient le même jour.

En grandissant, Valentine devint une fille charmante pour ces deux vieillards; mais auprès d'eux elle ne demeura pas moins seule et livrée à elle-même.

Son père la laissait entièrement libre de suivre ses goûts qui la portaient à la musique, aux longues promenades solitaires, surtout à la lecture des romans et des poésies du temps qui composaient toute son éducation. Son imagination s'exalta dans ses méditations poétiques : toujours placée entre les passions ardentes, les évènements bizarres du monde idéal et la froideur de l'existence la plus terne et la plus monotone, elle s'accoutuma à donner une extrême importance à toutes les choses de sentiment et d'imagination et à laisser dans une profonde indifférence celles de la vie quotidienne. Les grands caractères, les sentiments, les actions sublimes que lui offraient ces livres attiraient ses sympathies, ses vœux, ses préoccupations continuelles, et ce qui se passait autour d'elle, le train ordinaire du château, l'intérêt des récoltes, celui des longues parties de lansquenet que les vieux amis faisaient ensemble, ne captivaient nullement son attention.

Dans ses promenades rêveuses, au sein d'un pays montagneux, boisé, pittoresque, elle avait d'interminables conversations avec elle-même, qui roulaient toujours sur des sujets de roman et de ballades qu'elle venait de lire. Chaque monticule, chaque roche escarpée devenait pour elle le lieu de quelque scène que son imagination y traçait à grands traits; chaque vallée lui semblait devoir être le théâtre de quelque événement remarquable, qu'un besoin d'agitation, de changement, violent en elle et non satisfait, lui faisait attendre sans cesse.

Dans les longues veillées du château, à

la lueur paisible de la lampe, entre
le métier de tapisserie, les pipes allu-
mées, les taciturnes parties de cartes,
sa rêverie émue ne discontinuait pas
encore. Là, rien n'interrompait le silence.
Depuis longtemps les deux vieillards n'a-
vaient plus qu'à s'aimer et plus rien à se
dire; ils ne parlaient même plus de leurs
campagnes, ils avaient tout épuisé; et on
ne voyait reparaître le souvenir des com-
bats que dans la fumée des pipes qui partait alternativement de chaque côté et se
heurtait dans l'air.

Dans ces longues parties carrées que
faisaient les deux vétérans et les deux
grandes pipes d'écume, il n'y avait point
de place pour Valentine.

D'ailleurs, par une certaine pudeur

d'âme, bien connue de tous les êtres élevés et délicats, elle ne jetait jamais ses émotions au dehors; elle dérobait ses instincts poétiques et passionnés, ses mouvements de sensibilité comme elle aurait caché les plus mauvaises inclinations. Si elle se promenait avec son père et le comte de Lussan, elle faisait remarquer la fécondité des pommiers et la riche récolte qu'ils promettaient, mais jamais l'ineffable senteur de la violette cachée sous l'herbe; elle vantait l'éclat d'un beau jour qui faisait mûrir la moisson, mais n'aurait jamais osé parler des charmes d'une belle nuit. Jalouse de ses sentiments, de ses rêves, elle ne les exposait pas devant ceux qui les eussent flétri par la seule impossibilité de les comprendre.

Le baron de Vaubecourt avait eu un bonheur extrême à installer son ami dans sa demeure; il se plaisait à le traiter comme un membre de l'antique famille. Il aimait à le voir respirer l'air des domaines héréditaires, fumer dans la pipe patriarcale, boire dans la coupe d'honneur qui avait désaltéré ses ancêtres. Non content de lui donner le passé de sa maison, il voulut lui en assurer l'avenir, il pensa à lui donner sa fille en mariage dès qu'elle eut atteint l'âge de dix-huit ans.

— Mon enfant, dit un jour le baron de Vaubecourt à Valentine, veux-tu épouser mon vieil ami? ce sera prendre un second père. Je ne te demande pas pour lui de l'amour; il est impossible à l'amour de remonter le cours des âges, aussi impossible qu'à un ruisseau de retourner à sa source; mais je te prie d'étendre sur le comte de Lussan la tendresse filiale que tu as pour moi. Veux-tu compléter l'an-gélique mission que tu remplis, et pouvoir dire que ton père a reçu des jouissances continuelles de ta douce présence au mi-lieu de ses vieux ans, sans que jamais au-cune peine, aucun chagrin quelque léger qu'il fut, soit venu compenser le bonheur que tu lui donnais, ne me refuse pas la grâce que je te demande. Il me semble qu'en te donnant le nom de l'homme que j'estime le plus au monde j'imprime sur toi un sceau sacré qui te protégera toute la vie.

Elle consentit aux désirs de son père

avec la seule joie de se dévouer au bonheur du noble vieillard.

Cette union ne changea rien à la position de Valentine, et ne fut pas de longue
durée. Les deux frères d'armes mouru-
rent, non dans le même jour comme l'a-
vait dit le devin, mais dans la même année, ce qui est en effet le même jour dans
la durée des temps, et fait le même honneur à la science de l'astrologue.

Valentine resta donc à vingt ans seule ha-
bitante du château de Vaubecourt, maîtresse de sa fortune et de ses actions. La
reine qui semblait regarder comme de sa
famille toutes les femmes de la haute noblesse de France, ne la trouvant pas dans
une position convenable, l'appela à la cour.

La jeune comtesse de Lussan y parut

avec beaucoup d'avantage. Son naturel charmant, sa gracieuse bienveillance, sa gaîté qui s'épanouit aux plaisirs du grand monde, la firent bien venir de tous.

Louis XIV la nommait l'*abeille*, et l'aspect de sa légère et gracieuse personne faisait comprendre ce nom. Sa taille moyenne et harmonieusement arrondie était extrêmement fine à l'endroit où se marque la ceinture et où le satin du corsage rend un voluptueux bruissement; ses cheveux magnifiques avaient une nuance dorée, et son teint répétait quelque chose de ce ton; si, comme on l'a dit, chaque figure porte un reflet de la lumière, celle de Valentine, dans son éclat si jeune et si vermeil, semblait avoir été coloré par un beau lever de soleil.

La jeune femme se trouva à la cour comme on est dans une salle de spectacle; d'abord amusée, éblouie, puis bientôt étouffée, fatiguée, désirant l'air du dehors.

Son cœur était vide, et elle pensait que les désirs et les pressentiments d'une vie plus large et mieux remplie qui l'avaient occupée n'étaient que des chimères, puisqu'elle ne trouvait dans le grand monde où elle était transplantée maintenant que sentiments les plus vulgaires et la plus froide monotonie. Elle enferma plus que jamais en elle-même ses idées et ses rêves quelque peu romanesques (car on cache les fantaisies de l'âme, les joies poétiques et les vagues tristesses comme des secrets d'amour); elle se garda bien de laisser voir qu'elle eût préféré un moment de rêverie sous un beau ciel de nuit à la plus brillante fête de Versailles, un regard d'amour vrai à un million de plus donné par le roi. Elle se retrancha dans un aspect continuel de gaîté et de parfaite insouciance; ce qui lui était d'autant plus facile que, quel que fût le fond de son caractère, une extrême mobilité d'humeur, la légèreté naturelle de la jeunesse, les heureuses influences d'une santé bien épanouie répandaient presque toujours sur ses traits une empreinte riante.

Ce fut ainsi que la comtesse de Lussan accepta l'époux dont Louis XIV avait fait choix pour elle, sans peine, sans joie, avec la même obéissance passive qu'elle avait autrefois reçu celui présenté par son père.

En se trouvant tout-à-coup arrachée à

son existence brillante par l'aventure la
plus étrange, en se voyant enfermée par
des brigands au fond d'une campagne sauvage, Valentine, quoique étourdie, acca-
blée du coup qui la frappait, souffrait
peut-être moins qu'une autre ne l'eût fait
à sa place. D'abord elle avait la croyance
bien affermie que sa captivité serait de
courte durée; puis c'était enfin du mouvement, de l'étrange, du romanesque
amené dans sa vie; une initiation à des
émotions terribles mais nouvelles et puissantes; et sans ce mariage qui lui avait
donné des moments d'humiliation et de
terreurs cruelles, quoiqu'elle fût loin de
le croire indissoluble, il n'est pas certain
qu'elle n'eût éprouvé quelque satisfaction

secrète des événements extraordinaires au milieu desquels le sort l'avait jetée.

Voilà pourquoi dans cette première nuit de son bizarre mariage, la jeune femme reposait si paisiblement sur la couche de la pauvre cabane.

Au point du jour elle fut éveillée par des gazouillements, des chants d'oiseaux, pressés, joyeux, perçans. Elle se leva et ouvrit sa fenêtre. L'air était plein de rayons et de rosée ; un matin délicieux planait sur la campagne.

A l'angle gauche du vieux château, une tourelle éboulée s'élevait encore à quelques pieds au-dessus de la mâsure, et se dessinait sur le fond azuré et verdoyant du paysage. La corniche de cette tour, creusée par le temps, s'était remplie de rosée,

et c'était dans cette coupe naturelle, bordée de mousse, de marguerite, de lizerons,
qu'une quantité d'oiseaux venait boire
au sortir de leur lit de feuillages et
remplissaient l'air des éclats de leurs
voix.

Du même côté, à quelques pas plus loin,
un tableau étrange attira les regards de Valentine.

Sur une pelouse qui s'étendait en pente
entre l'ancienne fabrique et le lit desséché
de la rivière, une population entière de
femmes, de vieillards, d'enfants était agenouillée et immobile. On eût dit une
prière du matin faite en commun par de
pauvres villageois. Mais la comtesse, en suivant la direction de leurs regards, vit, devant la porte de la fabrique, un grand et

beau vieillard debout entre un monceau de vêtements de laine et un amas de gros pains bis, sur lequel il portait déjà la main pour les distribuer à ces malheureux.

Le premier soin d'Ambroise, dans les deux journées précédentes, avait été de faire venir des grains et des vêtements du bourg voisin, de rétablir le moulin et les fours qui se trouvaient derrière l'usine, d'y faire préparer un assez grand nombre de pains pour subvenir aux besoins les plus pressants du hameau. Au point du jour, les paysans se rendaient à son appel, et, à la vue de celui qui les rendait à la vie après des jours d'affreuses souffrances, ne pouvant tous approcher de lui en même temps, ne trouvant pas de paroles pour le remercier dans leur voix suffoquée de larmes, ils étaient tombés à genoux par un mouvement spontané.

C'était en ce moment que Valentine s'était approchée de sa fenêtre.

Elle avait peine à reconnaître le terrible vieillard qui lui avait causé de si cruelles frayeurs.

En ce moment le père Ambroise était calme, radieux. Placé au sommet de cette pente, et au-dessus de cette population agenouillée, sa haute taille semblait plus grande encore; le soleil naissant argentait ses beaux cheveux blancs, et, frappant sur son grand front nu et luisant l'entourait d'un cercle lumineux; sa figure pâle et grave, son maintien d'une simplicité extrême qui n'était relevé que par la dignité de son action, lui donnait l'aspect austère

mais onctueux et consolant de la Providence visible.

Après la distribution faite, Valentine
suivit des yeux les villageois qui se disper-
saient sur le coteau voisin, retournant d'un
pas allègre et léger à leurs pauvres chaumières.

Ces groupes, à l'aspect déplorable, on-
doyaient parmi les buissons en fleurs, les
champs émaillés, les arbres à la riche couronne, mêlait leurs haillons au fond tout
resplendissant de soleil et de verdure, dans
un paysage saisissant où tout semblait dire :
Radieuse nature ! misérable humanité !

Ces choses si nouvelles aux regards de
la jeune femme la frappèrent jusqu'au fond
de l'âme. Elle s'assit devant sa fenêtre et
tomba dans une profonde méditation, où,

devant toutes les idées qui se présentèrent
pour la première fois à son esprit, sa
cruelle position, son malheur, à elle, furent presque entièrement oubliés.

Depuis son arrivée dans le vieux château, Valentine était servie par une jeune
fille du village qu'Ambroise avait placée
près d'elle, et qui, par cela seul, était devenue prisonnière aussi dans la mâsure.
Ce jour-là on fit descendre la comtesse
dans la salle basse ; on l'y laissa seule, et,
pendant ce temps, la chambre qu'elle occupait fut rendue plus habitable.

Les murs à demi croulants, terminés
par un toit de chaume, furent tendus de
toile peinte ; on cloua des planches plus solides sous la toiture qui ne remplissait nullement sa destination, en laissant le vent

et la pluie pénétrer par des ouvertures; les meubles les plus utiles furent placés entre les cloisons; un bon lit remplaça la couche de sapin et de paille. Tout ce qui est utile à la vie fut disposé dans cette vaste pièce sans qu'un seul accessoir de luxe s'y fit voir, sans que le moindre objet de superfluité y trouva place.

Le soir, la comtesse de Lussan remonta dans cette pièce et s'y trouva seule.

Elle demeura assez tard à sa fenêtre pour jouir de la douceur de l'air et de la vue du jardin dans une nuit très-claire. Elle distingua Richard dans l'allée la plus éloignée. Malgré l'heure avancée, le jeune homme ne semblait point songer à rentrer, car il s'était établi sur un banc, prenant la place où le tronc d'un tilleul lui

servait de dossier , et appuyant ses pieds
sur le dos de Volf, complaisamment couché à ses pieds.

Valentine avait entendu rentrer le père
Ambroise dans la salle basse; la jeune fille
attachée à son service s'était retirée depuis
longtemps; bien certaine alors d'être seule
dans cet étage de la mâsure , la prisonnière prit envie de connaître un peu l'endroit où elle se trouvait, pensant d'ailleurs
que, si elle pouvait découvrir la campagne
d'un autre côté , elle reconnaîtrait peut-
être le pays dans lequel on l'avait amenée,
puisqu'il ne pouvait être très-éloigné du
bois de Monthéry.

Elle prit sa lampe, voila la clarté pour
ne pas être aperçue du dehors, et sorti
d'un pas furtif et léger.

RICHARD.

VI.

A peine la comtesse de Lussan eut-elle
fait quelques pas dans un corridor qui
était devant elle , qu'une porte entr'ouverte lui offrit l'entrée d'une grande pièce.

Elle reconnut que c'était la chambre de
Richard.

L'aspect de cet intérieur l'étonna : les
murs étaient aussi délabrés, les meubles
aussi grossiers que dans les autres parties
de la maison , mais la physionomie
qu'y avait imprimée celui qui l'habitait depuis longtemps, contrastait avec le
fond pauvre et rustique. Il y avait, suspendus à ces murs noirs et bruts, des instruments de chasse élégants, des armes de
choix, un grand nombre de tableaux, des
rayons garnis de livres soigneusement ran-
gés. Sur une table étaient aussi plusieurs
beaux livres, un herbier entr'ouvert, divers
papiers ; près de là, un chevalet portant
un tableau inachevé ; tout autour des pa-

lettes, des boîtes de couleur, des figures, des paysages commencés.

Valentine ne se trouva pas dans cette chambre sans un vif sentiment de crainte d'y être surprise. Elle regarda bien vite par la fenêtre pour s'assurer que Richard était au jardin; elle le vit toujours dans la même attitude. Alors elle recommença son inspection. Elle arrondit son voile en le soutenant autour de la lampe pour en atténuer la clarté, pensant que si Richard levait les yeux sur la façade, et voyait sa chambre éclairée au lieu de celle de la comtesse, il trouverait ce changement de résidence de la lumière bien étrange. Ainsi voilée à moitié, la lueur de la lampe ne frappait que peu d'objets à la fois.

Elle tira d'abord quelques étincelles des

armes suspendues aux parois. Valentine,
en reconnaissant ces pistolets, ce couteau
à deux tranchans qu'elle avait vus au
fond de la forêt briller sur la poitrine de
son malheureux compagnon de voyage, se
trouva tout-à-coup reportée à cet instant
terrible; son cœur battit de crainte; elle
fit un mouvement d'horreur et allait retourner se réfugier dans sa chambre, quand
la clarté errante tomba sur un portrait de
Richard, de grandeur naturelle. Valentine s'arrêta pour le regarder, changeant
d'impression aussi rapidement que la
lueur mobile avait changé de place.

Elle désira connaître la figure de l'é-
poux que le sort lui avait donné, sentiment bien naturel de sa part.

Valentine fut d'abord frappée de la

beauté de ces yeux noirs, un peu enfon-
cés, mais si ardents et si doux, qu'elle
avait déjà remarqués dans le seul regard
jeté sur Richard; le reste du visage était
en harmonie avec ces yeux admirables, et
portait comme eux l'empreinte de la chaleur d'âme, unie à la plus exquise douceur. Ce qui attira surtout l'attention de
la jeune femme fut ces longs cheveux
noirs, gracieusement séparés au sommet
de la tête et tombant sur les épaules en
boucles harmonieusement groupées. Valentine n'avait jamais vu dans le monde
où elle avait vécu que des hommes coiffés
en perruques, et, malgré l'habitude
qu'elle en avait, son goût naturel se ré-
voltait contre cette chose morte qui venait
remplacer une partie vivante de l'être;

elle ne pouvait la voir sans dégoût. Aucun accessoire ne se montrait autour de cette simple tête ; l'enfant de la campagne et de la pauvreté n'avait eu à placer à côté de lui aucun attribut de son rang dans le monde...

— Ce portrait était chaudement coloré, expressif, vivant ; il sortait de la toile. Valentine en détachait quelquefois ses yeux pour les porter sur Richard, qui était au fond du jardin, enveloppé dans la teinte grise et vaporeuse de la nuit. Il semblait, à voir cette toile si vivement animée, que le jeune homme fût là présent et que son image seulement parût dans le lointain.

Les ébauches placées sur le chevalet, offrant la même manière et le même co-

loris, faisaient connaître que ce portrait
était de Richard lui-même.

Valentine s'arrêta devant le bureau;
il était couvert de livres et de papiers.
Au milieu de ces objets elle vit un nœud
de ruban bleu et reconnut avec surprise
une rosette tombée de son corsage dans
la nuit de son enlèvement. Comment le
voleur de grand chemin avait-il pu recueillir et conserver une chose de nulle
valeur, et pourquoi le violent ennemi des
grands gardait-il sous ses yeux ce souvenir
d'une femme qu'il devait détester seulement à cause de sa naissance ? Que fesait-
elle là cette fantaisie de jeune homme au
milieu des horreurs du brigandage ? Sans
doute Richard ne le savait pas lui-
même.

Il y avait sur cette table plusieurs ouvrages de botanique et un herbier dans
lequel les plantes, arrangées avec un goût
parfait, gardaient la pose et la physionomie qui leur sont propres, et formaient
un tableau d'où ressortait la grace et
l'esprit de la nature. A côté était une
lettre à demi déchirée. La suscription
portait :

« A mon oncle, si je meurs cette
nuit. »

La comtesse vit par là que cette lettre
était de Richard, et ne se fit nul scrupule
de la lire.

Elle contenait ces lignes :

» Mon oncle, je vais m'engager dans
une aventure périlleuse, et avant de par-

tir j'ai besoin de m'assurer de vos prières, car si je succombe... je serai mort en commettant un crime.

» Vous avez peine à le croire de la part de celui qui a été élevé par vous et qui a eu jusqu'à ce jour une vie moins sainte mais aussi irréprochable que la vôtre. Les circonstances qui m'entraînent à cette action sont un secret qui ne m'appartient pas ; si je meurs, ne cherchez jamais à le découvrir, afin que je n'aie pas à me reprocher de l'avoir trahi. Priez pour moi et consolez mon père. Vous, vous ne pourrez recevoir de consolation : vous viendrez bientôt me rejoindre.

» Je vous dois tout ce que je suis ; je vous dois l'âme qui habite en moi. J'étais né pour faire une machine vivante propre à remuer la terre. Vous m'avez appris à connaître Dieu dans la nature, et la vie du laboureur s'est anoblie et relevée pour moi. Chaque grain de blé que j'ai jeté dans le sillon a pris un intérêt à mes yeux en venant du créateur et en devant éclore pour le pauvre... »

Valentine s'interrompit pour jeter un regard sur Richard assis à la même place : il effeuillait une plante entre ses doigts et semblait plongé dans une douce méditation. La jeune femme continua de lire :

« Vous m'avez appris à penser et à aimer, mais je n'ai que vingt-deux ans et je n'ai fait qu'ébaucher pensée et sentiment.

» Je connais si peu de choses de la terre ! Toujours ramené au même point

par les tableaux de misère qui étaient
sous mes yeux, toutes mes pensées n'ont
été que pitié pour ceux qui souffrent;
haine, colère contre les auteurs de leurs
maux; volonté de les punir, si j'en avais
jamais la puissance.... Je ne m'en
repens pas, la haine bien placée est justice et vertu...»

La comtesse observa de nouveau Richard. Maintenant il s'était levé et se promenait lentement en regardant l'horizon
vivement éclairé par les étoiles; il y avait
dans sa taille et dans sa démarche quelque chose de vraiment digne et imposant
qui frappa d'étonnement la jeune femme.

Encore assurée de n'être pas troublée
dans sa curiosité, ses regards retombèrent
sur le papier.

« Vous m'avez aussi appris à aimer,
bon prêtre, saint précepteur des âmes !
Vous avez cultivé mon cœur pour lui
faire porter le plus de fruits possible.
Vous avez multiplié en moi ces impressions de tendresse qui font battre le cœur,
qui réchauffent le sang et finissent par devenir toute l'existence, quand elles se re-
nouvellent souvent et se prolongent longtemps. Grâce à vous, j'ai su aimer mon
père qui en était digne, j'ai pu le payer
de toutes les fatigues qu'il prenait pour
moi dans la journée par le baiser de fils
que je lui donnais au retour. J'ai su vous
aimer, vous, mon oncle, et si bien que
près de vous je ne désirais plus rien au
monde, et que loin de vous, du fond du
champ que je labourais, souvent la vue

de la petite croix qui surmonte votre église, le son de la cloche qui s'y fait entendre, l'aspect de votre surplis blanc qui
passait dans la verdure quand vous alliez
porter des secours spirituels à vos enfants,
ont suffi pour me rendre heureux et faire
venir une douce larme dans mes yeux.

» Mais dans le sentiment comme dans
la pensée, je n'ai connu qu'une face de la
vie. Je le sens, j'étais capable d'aimer bien
plus encore que je ne l'ai fait.

» J'avais besoin d'un affection qui sans
rien ôter à celle que je ressentais pour
vous, pour mon père, vînt remplir une
place qui restait vide. Je ne l'ai pas connue... je ne la connaîtrai jamais.... Non,
car les filles de notre hameau sont de
simples plantes, de jeunes sujets de pépi-

nières qui s'élèvent pour faire des femmes aux villageois ; mais pas une ne pouvait devenir l'amour pour l'homme que vous avez formé.... Hélas ! non, pas même cette jeune et tendre Marie, qui m'avait donné son âme toute d'amour, qui allait chaque jour à votre confessionnal pleurer sa malheureuse passion, et qui, ne pouvant la voir partagée, obtint de Dieu d'en mourir ! Elle savait si bien m'aimer, hélas ! et moi je n'ai su que la plaindre.

» Il fallait à votre Richard une femme qui, semblable à celles du village pour la simplicité de l'âme et sa douceur, eût aussi l'existence morale qui est en lui, qui sut comprendre et partager ses pensées, ses tristesses, ses joies intérieures, toute cette partie secrète de l'âme qu'on ne peut dévoiler sans rougir qu'à celle qui la partage... Et cette femme n'existe pas... Oh ! si elle était sur la terre !... Mais non, je ne la connaîtrai jamais... »

— Valentine s'interrompit encore dans sa lecture et s'éleva sur la pointe des pieds pour regarder où était Richard : mais cette fois plus furtivement encore et avec plus de crainte d'être aperçue. Elle le vit qui remontait la grande allée du milieu, et il lui sembla qu'il avait les yeux fixés sur la fenête de sa chambre à elle.

Il y avait sur la figure du jeune homme, plus rapprochée et mieux éclairée, une expression de tendresse et d'exaltation si frappante qu'elle se laissa entraîner quelques instants à le regarder. Il était déjà très rapproché lorsqu'elle songea que cette allée conduisait au perron, et que sans doute Richard allait rentrer. Frappée de crainte, elle sortit de cette chambre et s'élança dans la sienne avec une rapidité telle que la lueur de la lampe qu'elle tenait glissa comme le jet d'un éclair.

Valentine, alors en sûreté, se laissa tomber sur un siége avec un violent battement de cœur; surprise, émue de ce qui venait de se dévoiler à elle du caractère de Richard, des sentiments qu'elle avait vus exprimés dans ce peu de lignes tracées par lui.

Elle en fut vivement agitée pendant toute la nuit. Elle, qui se plaignait il y avait si peu de jours encore de ce que tous les hommes se ressemblaient et paraissaient tous jetés corps et âme dans le même moule, il venait de s'en trouver un qu'elle était bien forcée d'excepter. Il cultivait la terre, il remplissait le rôle de brigand sur la grande route; et puis, il avait une âme, une âme pieuse comme celle d'un ange, et il était sentimental comme un héros de roman... Valentine voyait qu'il y avait de singulières choses sur la terre dont on ne se doutait pas dans le grand monde; et, s'il ne lui en avait pas coûté si cher, elle se serait trouvée heureuse d'être venue au fond de cette vallée située à quelques lieues de Paris, et qui offait un être aussi extraordinaire qu'on pourrait le rencontrer aux Antipodes.

La comtesse de Lussan avait pour dépendances de sa prison la salle basse dans

laquelle il lui était permis de descendre
l'espace qui s'étendait devant l'ancien
château et avait autrefois formé la cour
d'honneur, puis le jardin, situé sur une
pente douce entre la façade de la masure
et le lit desséché de la rivière, entouré
d'un rideau de peuplier qui en dérobait
la vue de tous côtés et d'un mur à hauteur d'appui fermé à l'extrémité par une
grille de fer.

Valentine était entièrement seule dans
ce séjour.

Les habitants du hameau, retenus par
respect et une crainte superstitieuse qu'ils
ne s'avouaient pourtant pas tout à fait à
eux-mêmes, n'entraient jamais dans l'habitation du vieillard. Cet usage était si
bien établi que le pasteur de la commune,

le frère et l'ami d'Ambroise, ne voyait celui-ci qu'à la fabrique où il dirigeait les travaux et donnait audience à ses ouvriers (c'était même cette complète solitude de sa demeure qui donnait au ravisseur de la comtesse de Lussan la certitude d'y cacher toujours la présence de sa captive).

Le patriarche était presque toute la journée dans l'usine qu'il élevait au milieu des villageois qu'il formait aux travaux manufacturiers.

Richard, dès que sa blessure le lui avait permis, était retourné travailler dans les champs, autant pour éloigner les soupçons qu'un nouveau genre de vie eût pu faire naître que pour se distraire de ses tristes pensées.

La prisonnière pouvait donc parcourir
eu tout sens sa retraite sans y rencontrer
aucun visage redouté. Elle allait et venait
dans ce lieu, regardait vingt fois les
mêmes points de vue pour se distraire.

La masure qu'elle habitait, cette cons-
truction de château et chaumière attirait
surtout ses regards par un aspect tout pittoresque et particulier.

De fortes pierres d'assise étaient enca-
drées de mousse aux filets veloutés ; l'écus-
son seigneurial, dont les symboles orgueil-
leux annonçaient l'immortalité, n'était
plus soutenu aux murailles croulantes que
par des pampres de lierre ; le fronton se
montrait suporté d'un côté par une
riche colonne torse, de l'autre par un
tronc d'arbre ; le perron avait des mar-

ches de marbre et des marches de gazon ; chaque mur démantelé portait çà et là des touffes de clématites et de girofflées comme un vieux guerrier qui aurait mis des simples sur ses blessures; le premier étage, aux cordons armoriés, aux fenêtres chargées de scupltures, de tresses, d'acanthe, était terminé par un toit de chaume; à gauche une tour encore debout le dominait de ses fiers créneaux ; à droite c'était un pigeonnier de terre portant sur son toit de paille de jeunes ramiers. Partout, dans ce mélange de grandeur et de rusticité, d'opulence passée et de misère présente, la cabane était singulièrement ornée de colonnes et de sculptures, le château était enveloppé par la nature sauvage.

Dans l'intérieur du manoir, la comtesse de Lussan s'occupait à déchiffrer les signes héraldiques restés aux murailles. Dans la salle basse, il y avait encore d'anciens ornements demeurés aux lambris en ruines, des solives dorées, des trophés d'armes sculptés, des écussons portant les armoiries des anciens seigneurs de ce lieu.

Au dessous d'un de ces écussons, se trouvait un objet bien plus remarquable : c'était une épée qui par sa richesse montrait avoir appartenu à l'un des grands du royaume, et qui cependant ne pouvait être demeurée là depuis leur séjour en cet endroit : quoiqu'elle n'eût pas l'éclat de la nouveauté, sa forme indiquait qu'elle n'appartenait point à une époque aussi reculée, et elle n'était guère plus ternie par le temps que les instruments aratoires du paysage suspendus à côté.

Des empreintes étrangères aux premiers et nobles maîtres du château étaient aussi demeurées sur ces pierres : on y voyait des figures du zodiaque; des cadrans, des hiérogliphes, et à peu près tout ce qui constitue les signes cabalistiques dont se servaient les nécromanciens; des traces indiquaient aussi que des fourneaux et des alambics avaient dû être scellés sur les dalles.

Ce château, après l'abandon de ses premiers possesseurs, avait pu en effet être habité par les hommes voués aux sciences occultes, qui avaient étudié leurs opérations magiques et l'art de composer leurs philtres empoisonnés dans les campagnes les plus désertes avant de se répandre dans Paris, où la chambre ardente, les poursuivait en ce moment même, de sa justice.

Cette croyance, accréditée chez les villageois, était la source de leur terreur secrète pour cette demeure, terreur dont ils reportaient malgré eux quelque chose sur celui qui l'occupait en ce moment. Ces signes lugubres faisaient la même impression sur Valentine, et, lorsqu'elle les regardait, augmentaient sa tristesse et son effroi.

Plus souvent elle errait dans le jardin, observait chaque plante, chaque insecte avec l'attention triste du désœuvrement.

Puis elle écoutait à travers les rameaux des peupliers le mouvement de la fabri-

que, le bruit des métiers criant et bour-
donnant à l'envie, et la chanson de l'ouvrier qui, sur un ton plus doux, accom-
pagnait la grande voix du travail. Elle
regardait entrer et sortir de l'usine les
petites bandes de villageois qui allaient
en caravane, les hommes avec des outils
sur l'épaule, les femmes avec des paniers
de provisions et des enfants à la main.
Parfois, à la vue du bonheur dont ils
semblaient jouir, elle s'étonnait de la ré-
volution favorable que quelques diamants
arrachés de sa parure avaient amené dans
cette commune; elle s'oubliait un moment, et se trouvait prête à bénir la main
qui avait pris une part de la fortune là où
elle était trop abondante pour la porter
là où elle manquait entièrement.

Cependant, au bout de quelques jours,
Valentine trouvait déjà son esclavage bien
long ; elle n'avait pas cru pouvoir passer
aussi longtemps dans ce donjon solitaire
sans que quelque chevalier vint la délivrer ;
l'ennui commençait à entourer sa vie d'un
cercle plus froid et pluslourd que les murs
de sa prison.

Depuis qu'elle avait appris à connaître
quelque peu Richard en s'initiant à ses
pensées habituelles par l'inspection de la
chambre qu'il occupait, il ne lui inspirait
plus de terreur. Mais aussi, après ce moment, l'impression qu'elle avait reçue alors
s'était à peu près effacée.

Chaque soir elle apercevait Richard à
son retour des champs ; il portait alors des
outils sous le bras, et un havresac pendu

à sa ceinture; il était costumé d'un sarrau de toile et d'un grand chapeau de paille souvent couvert de poussière; il perdait ce cachet d'originalité et d'élévation qu'elle lui avait trouvé le soir où elle recueillait les traces de son esprit sur les toiles de ces tableaux, sur les feuillets écrits de sa main, tandis qu'elle le voyait lui-même dans la pénombre prestigieuse d'une douce nuit. Elle se disait que Richard n'était au fond qu'un paysan qui avait parfois des rêves poétiques; elle était près de reprendre pour lui le mépris et la colère qu'elle avait autrefois éprouvés, quand une occasion vint lui apprendre à le connaître davantage.

Un soir, elle était demeurée bien tard au jardin, apercevant dans une allée éloi-

gnée le jeune paysan qu'elle croyait toujours près de rentrer, et qu'elle ne pouvait
pas rencontrer au passage. Quand elle eut
vu disparaître celui-ci, elle se dirigea vers
sa chambre. Au milieu de l'escalier se trouvait une petite lucarne grillée qui donnait
dans la salle basse où couchait Ambroise.

En passant devant cette ouverture, Valentine vit Richard qui s'approchait à petit bruit du lit de son père, et penchait sa
tête vers les rideaux entr'ouvers. L'attitude
anxieuse du jeune homme fixa son attention. Elle s'établit devant la petite fenêtre
et entendit l'entretien qui commença
bientôt entre les deux paysans aussi dis-
tinctement que si elle eût été à côté d'eux.

Richard, en glissant son regard entre
les rideaux de la couche, avait vu son père

accoudé sur son oreiller et le front penché dans sa main.

— Mon père, dit-il à demi-voix, vous ne dormez pas ?

— Est-ce que je peux dormir, quand tu ne reposes pas toi-même, répondit le vieillard ; tu sais bien que non. Depuis si long-temps, je n'ai d'autre existence que la tienne ; je ne respire librement que quand je te vois, au retour des champs, boire et manger de bon appétit ; je ne vis qu'en toi, comment veux-tu que je dorme, quand je te vois depuis deux heures arpenter cette allée de tilleuls avec ton air triste et pensif.

— Mon père...

— Tiens Richard, depuis la nuit du seize avril, je n'ai pas voulu revenir sur ce

qui s'était passé; il fallait te laisser reposer un peu de toutes ces agitations... Mais
à présent, je sens que tu as besoin de me
parler. Assieds-toi sur mon lit, Richard, à
côté de moi, et dis-moi tout ce que tu as
sur le cœur.

— De bien tristes choses, mon père.

— Voilà donc pourquoi tu ne dors pas.

— Je crois que je ne dormirai plus jamais paisiblement à une heure du matin.
Cette heure qui a mis l'arme du brigand
dans mes mains, l'argent du vol dans la
poche de mon habit, aura toujours pour
moi un son lugubre qui me réveillerait du
plus profond sommeil.

— Richard, tu as donc regret de ce que
tu as fait! ton indignation contre la tyran-
nie, tes désirs de vengeance n'étaient donc

que la colère impétueuse et passagère d'un enfant! je croyais qu'elle était celle de mon fils.

— Ma haine est toujours la même; je n'ai point de regret de ce qui s'est passé pour ceux que nous ayons attaqués et vaincus, mais pour ce qu'il m'en a coûté; je ne gémis pas sur eux mais sur moi-même! sur moi qui me suis avili qui ai perdu mon honneur, ma liberté.

— L'avilissement qui vient à la suite de la misère est encore un des fléaux auxquels le pauvre est condamné; c'est le dernier degré de calamité où nous poussent nos oppresseurs c'est une raison de plus pour les haïr d'avantage.

— J'ai sacrifié tout une vie d'innocence et de paisible vertu.

— L'innocence de l'enfant pour la science de l'homme.

— J'ai oublié toutes mes idées d'honneur, toutes mes résolutions de loyauté éternelle dans une nuit funeste.

— Dans une nuit qui demandait d'autres idées, d'autres résolutions, et un courage plus grand que celui de la vertu commune.

— Eh bien soit, mais fallait-il me sacrifier aussi moi-même.

— Toi Richard !

— Fallait-il perdre en un instant mon bonheur, mes espérances d'amour, l'avenir de mon cœur. Nous n'y avons pas pensé, mon père, dans l'ivresse de vengeance où nous étions tous deux ; mais en contractant ce mariage, qui ne nous semblait alors qu'une vengeance plus assurée, j'agissais aussi contre moi même, en enchaînant cette femme je m'enchaînais également; je renonçais à tout ce qu'une autre union pouvait m'offrir de douceur. En m'unissant à celle qui prononçait le *oui* sacré sous la pointe d'un poignard, je me condamnais à être toujours détesté de la femme liée à mon sort; je prenais le titre d'époux comme un rôle de bourreau; je faisais du mariage, ce lien céleste envoyé par Dieu pour consoler la terre, un instrument de supplice... Oh! Dieu, qui connaît mon cœur, sait tout ce que je vais souffrir.

— Mon fils, un diamant tombé des cheveux d'une femme qui sort du bal suffirait pour sauver la vie au mendiant assis à la

porte de l'hôtel ; ainsi une femme avec
toute sa fortune, tombée du sein de la
cour au milieu de notre pauvre population, suffit pour la sauver de la misère,
dans le présent et dans l'avenir. J'ai cru
que tu ne verrais que cela ; j'ai cru que,
fort et grand, tu serais heureux seulement
d'avoir accompli cette œuvre ; j'ai cru que
la pitié pour ceux qui souffrent et la haine
pour ceux qui font souffrir absorberait le
reste... Pardonne-moi, mon fils, je te ju-
geais d'après moi.

En prononçant ce dernier mot, il y
avait dans le regard du vieil Ambroise un
feu si ardent que Richard en pâlit.

— Mon père, s'écria-t-il, mon père !
on dirait que ce n'est pas un sentiment naturel d'humanité qui habite en vous, mais

un esprit surhumain qui verse dans votre
sein une inspiration terrible et sainte.

— Crois-tu donc que j'aie pu vivre qua-
rante ans dans cette ruine féodale, où j'a-
britais ma misère sous les restes de murailles dédaignées par nos maîtres, sans y
trouver des pensées obsédantes, sans y
puiser des inspirations ardentes. Le jour,
la nuit, à toute heure, quand j'ouvrais les
yeux, quand j'étais près de les fermer, je
voyais toujours ces armoiries, ces devises
qu'a gravées sur la pierre l'orgueil audacieux des grands. Tiens, lis sur cette muraille la devise des sires de Montbazon :
« *A Dieu demande, aux autres commande* » ;
et de l'autre côté : « *Mon épée est la loi
qui me fait roi.* » Loi du plus fort ! loi de
fer accablante et mortelle ! parole où sont

consacrés la puissance fatale, le despo-
tisme, l'avidité à se repaître de la sueur et
du sang du pauvre. Chaque lueur du jour
où des étoiles, en frappant sur ces écus-
sions maudits, en faisait jaillir des traits
acérés qui pénétraient dans mes chairs et
brûlaient mon sang, je demandais sans
cesse, dans des cris de douleur ou de colère, pourquoi Dieu donnait tant de pouvoir et de richesses à ce petit nombre qui
en abuse... Oh ! ce serait un singulier
spectacle que la terre, si on pouvait l'em-
brasser dans son ensemble : on y verrait
de larges nappes arides, fangeuses de population humaine, et çà et là quelques points
brillants, lumineux, dorés, qui absorbent,
qui consument tous les biens toute la richesse d'alentour.

— C'est encore de la barbarie plus barbare que celle d'autrefois : elle passera à
son tour.

— Oui, un autre temps viendra. Si
les habitants des campagnes avaient été
condamnés par Dieu à une détresse éternelle, il n'y aurait que des pierres arides
sur le sol, que des herbes empoisonnées
dans les champs, que des rameaux stériles aux arbres, que des corbeaux dans
les airs. Puisqu'on voit au lieu de cela des
moissons, des fruits, des oiseaux qui
chantent la liberté et le bonheur, c'est
que les fils des champs doivent vivre un
jour, simplement, laborieusement, mais
vivre... Hélas! ce jour que j'ai appelé si
souvent de mes vœux, je n'en verrai jamais le matin!...

— Mon père, combien vous avez dû souffrir!... Et moi qui osais me plaindre!

— Oh; pourquoi ai-je pensé, dit le vieillard en portant lentement sa main ridée à son front si vaste et si haut, pourquoi, puisque je devais avoir un sort semblable à celui de l'animal sauvage, la nature ne m'a-t-elle pas donné le crâne vide du loup, qui souffre et meurt de faim à l'approche de l'hiver, sans demander ce qui le condamne!

— Vous étiez, au contraire, plus qu'un homme, mon père, vous étiez l'esprit d'équité et d'humanité.

— Non, je n'étais rien qu'un homme, mon enfant, car dans cette ardeur, dans cette haine de l'oppression qui m'enflamment, il y a au fond un sentiment personnel qui a fait plus peut-être que tout le reste... Dieu sait s'il en est ainsi... Cette épée qui est là suspendue à la muraille...

— Je vous ai toujours vu tressaillir en la regardant.

— Tu me faisais autrefois des questions sur cette arme damasquinée, au nœud de ruban bleu, aux incrustations d'or qui attirait ta curiosité.

— Oui, mais vous pâlissiez à ces demandes, et depuis longtemps je ne vous en parle plus; je n'ose plus même lever les yeux de ce côté en votre présence, de crainte d'attirer votre attention sur cet objet et de renouveler ces émotions terribles.

Eh bien! cette épée elle est le souvenir visible d'un outrage qui m'a été fait il y a

vingt-deux ans, d'un outrage près duquel
les chaînes, les coups qu'on donne à un
esclave ne sont rien, d'un affront qui ren-
fermait tant d'ingratitude, de bassesse,
de froide cruauté, qu'il ne suffisait plus
d'y répondre par la haine d'un seul homme, il fallait haïr, poursuivre sa caste
tout entière ! J'ai vécu pour cette œuvre.
Cette épée était toujours là, devant mes
yeux, pour alimenter ma vengeance : je
la regardais la première fois que je mis
une arme à ma ceinture pour aller arrêter
au fond des bois le riche voyageur ; je la
regardais quand je t'élevais, mon fils,
dans la haine des grands, afin que tu
pusses un jour me remplacer sur la terre.

— Soit ! dit Richard d'une voix morne ;
j'accepte donc cette cruelle mission ; je

renonce à moi-même pour le présent, pour l'avenir.

— Merci, mon enfant, dit le vieillard, tu seras récompensé de ce que tu viens de dire, et de ce que tu feras. Il n'y a pas encore deux semaines que nous avons effectué ce coup hardi, couronné d'un plein succès, et déjà la misère a disparu du hameau; les habitants ont du pain, des vêtements; les chaumières se relèvent. Nos simples paysans croient aujourd'hui, comme toutes les fois que je leur ai donné des secours, qu'ils les doivent à la pitié de quelque seigneur, dont je sais par un secret magique forcer la bienfaisance à se répandre sur nous; croyance que j'ai fait naître et que je nourris en eux. La fabrique est pleine d'ouvriers qui travaillent joyeusement; dans peu de jours de simples mécaniques vont faire mouvoir les métiers et remplacer le courant d'eau disparu. L'argent et les bijoux dont nous nous sommes emparés serviront à ces premiers frais; plus tard la fortune de la comtesse de Lussan nous appartiendra. Elle restera cinq années enfermée ici; à cette époque son mariage sera devenu indissoluble par le temps qui se sera écoulé entre son accomplissement et les demandes de rupture qu'elle pourrait en faire. Alors nous prendrons de ses biens ce qu'il sera strictement nécessaire pour soutenir notre manufacture, et aider aux plus pauvres familles du hameau.

— Et nous lui rendrons le reste avec la liberté.

— Va, mon fils, cinq années sont bien peu de chose dans l'existence d'une femme, et une femme est bien peu de chose dans la balance, quand on met de l'autre côté une population entière.

Le prudent vieillard, craignant encore la faiblesse de son fils, ajouta :

— Jure-moi donc que, quoi qu'il arrive, tu ne feras rien pour rompre le lien qui t'enchaîne. Je ne te parle pas des dangers horribles auxquels la moindre imprudence de toi exposerait ton vieux père, je ne te parle qu'au nom de nos frères. Jure-moi, qu'avant ma mort du moins, tu ne me donneras pas la douleur de voir détruire ce que j'ai fait pour eux.

— Je vous le jure, dit Richard.

Le vieux paysan, calmé par cette parole, laissa peu à peu retomber sa tête sur l'oreiller, et bientôt s'endormit sous le regard de son fils.

La comtesse de Lussan frissonna au serment prononcé par Richard; il lui sembla qu'elle sentait les liens qui l'attachaient à cet homme se resserrer davantage. Il était effrayant pour la pauvre captive de voir avec quelle assurance ses ravisseurs disposaient de sa destinée, et quelle foi ils avaient en leur pouvoir.

Ce cruel entretien que la jeune femme venait d'entendre avait ébranlé ses nerfs, renouvelé toutes ses terreurs, et une fois enfermée dans la chambre, elle fondit en larmes. Tout-à-coup, au milieu de sa douleur, ses pensées prirent un autre cours; elle s'occupa de Richard; elle vit avec une certaine douceur que, tout en partageant les sentiments démocratiques de son père, il n'en tirait pas des conséquences de révolte coupable, et n'avait été que l'instrument obéissant du vieillard dans leur application féroce... Puis elle pensa avec joie qu'il souffrait autant qu'elle de cet étrange et barbare lien formé entre eux, et que chaque jour l'amour perdu lui ferait sentir ses regrets.

Le lendemain Valentine descendit de bonne heure au jardin.

Depuis plusieurs jours elle observait l'épanouissement d'une belle jacinthe blanche jaspée de rose, la première de l'année dans cette froide vallée.

— Est-ce qu'elle aimerait les fleurs? s'était dit Richard un jour qu'il l'aperce-

vait de loin attentive auprès de cette petite plante. Oh! non, les femmes du
monde ne doivent aimer que les fleurs de
toile peinte, qui s'épanouissent dans l'atmosphère de leur salon, et servent aux
couronnes de bal; comme elles ne doivent admirer de paysage qu'un canevas
peint en vert dans un cadre d'or.

Cependant il s'était empressé de réunir
dans des caisses longues toutes les jacinthes du parterre qui promettaient la plus
belle floraison, et les cultiva avec soin
pendant quelques jours, songeant à les
faire porter chez la comtesse quand elles
seraient écloses. Il ne savait pourquoi
cette idée lui était venue, mais comme il
aimait lui-même ces fleurs-là plus que
tout autres, il lui semblait qu'il ferait

quelque chose pour la pauvre prisonnière en les lui consacrant.

Ce matin-là Valentine était baissée devant cette caisse de jacinthes qui étaient alors dans tout leur développement; elle relevait l'une d'elles entre ses doigts, regardant sa suave corolle, respirant son parfum avec un air d'admiration et de tendresse.

Richard, qui se trouvait à quelques pas, la regardait elle-même.

Il se rapprocha de la comtesse et se hasardant à lui adresser la parole, quoiqu'il lui en coûtât dans leur position mutuelle, il dit d'une voix très altérée.

— Si ces fleurs vous sont agréables, madame, on les fera porter dans votre chambre.

Valentine tressaillit en voyant Richard qui ne s'était point trouvé si près d'elle depuis la cérémonie de la chapelle ; toute l'émotion douloureuse de ce moment revint dans son âme, dans son regard, sur sa bouche ; elle répondit avec amertume :

— C'est bien la pensée la plus étrange et la plus ridicule de croire que quelque chose puisse me plaire dans cette affreuse prison.

Puis elle détourna la tête avec dédain et regagna sa chambre.

Richard la regarda s'éloigner et dit avec un amer sourire :

— Le premier entretien que j'ai avec ma belle épouse n'a pas fait oublier l'heure dans ses longs épanchements, et, de tous les rayons de la lune de miel il n'est tombé qu'une goute d'absinthe... ô mon père ! mon père !

Et il resta longtemps absorbé dans la plus triste rêverie.

Cependant depuis ce jour Richard n'alla plus aux champs; il demeurait à la fabrique ou dans les parages déserts de la campagne ; mais toujours en vue de la masure.

SIMPLE DE COEUR.

VII.

Peu de jours après Valentine était assise au bord du jardin, et par conséquent
aux confins de sa prison ; ses regards erraient sur le côteau voisin.

Au délà du lit desséché de la rivière

c'était une pente agreste, ayant à gauche
le hameau de Cerny, et au sommet la petite église voilée toute entière par un grand
chêne, moins la croix de fer qui sortait
des masses de feuillage. Cette colline ro-
cailleuse et stérile même pour les troupeaux, étaient couverte de ronces jaunies
qui rampaient sur la terre, montaient
aux pieds des rochers, et en retombaient
en long réseaux desséchés ; quelques arbustes à fruits sauvages croissaient obli-
quement dans les pierres, et leur tête
penchaient sur le sol, tapissé de mousse
sombre, où voltigeaient des feuilles
mortes, et où glissaient de minces cou-
leuvres.

Un point de ce coteau fixa davantage
l'attention de Valentine.

C'était une roche blanchâtre encadrée de jeunes cyprès et surmontée d'une croix de pierre, où s'enlaçaient une guirlande de roses blanches et la peau desséchée d'un serpent.

Comme la jeune femme examinait ce singulier objet, elle vit un ecclésiastique descendre le sentier du coteau, qui serpentait entre le jonc et la bruyère, puis, arrivé devant la roche blanche qui se trouvait sur son chemin, s'arrêter un instant, faire une courte prière et en s'éloignant tourner encore la tête pour regarder plus longtems la rustique croix de pierre.

Ce prêtre gagna le petit pont jeté sur l'ancien torrent, arriva à la grille du jardin d'Ambroise, prit une clef dans sa poche et entra dans l'intérieur.

Il y avait dix jours que l'oncle de Richard n'avait vu son neveu, son élève; c'était depuis le moment du mariage secret qu'il avait consacré... Dix jours sans reposer ses yeux sur cet enfant si cher ! Jamais une si longue absence n'avait affligé le cœur du vieillard. Il ne soupçonnait rien, ne blamait rien, mais il avait besoin de voir Richard et malgré l'habitude contraire qu'il avait contractée, il venait cette fois le chercher dans la demeure d'Ambroise.

Valentine en reconnaissant le prêtre qui avait accompli son barbare mariage tomba sur un banc de mousse et cacha sa tête dans ses mains,

Le sentiment qui dominait en ce moment dans la jeune femme était l'humiliation ; elle voyait le témoin de sa honte, l'homme qui la savait unie à un paysan.

Elle se trompait ; le pasteur ne connaissait rien de ce fatal mystère, s'il était venu à apprendre la vérité, il n'eût pas su comprendre dans toute son étendue la disproportion de cette alliance. L'homme qui vivait sans cesse entre Dieu et les pauvres, entre les deux anneaux extrêmes de la chaîne, n'aurait pas distingué les degrés intermédiaires, et apprécié la distance qui existait entre un jeune homme doué de toutes les vertus et une femme parée de quelques titres. Celui qui déjeûnait avec des noix, dînait avec des légumes, couchait à côté de son trou-

peau sous un toit de chaume, et habitait par la pensée dans les hautes ré-
gions où se déroulent les lois de la nature
et les mystères de la divinité, n'eut pas
dû calculer l'obstacle que mettait à l'u-
nion des êtres un peu plus ou un peu
moins de fortune, et dans son aveugle
enthousiasme pour Richard, qu'il voyait
avec la tendresse d'un ami et la partialité
d'un père, il eut plaint la comtesse de
Lussan moins d'être unie au jeune villageois que de ne pas savoir l'aimer.

Lorsque le pasteur aborda Valentine
celle-ci connut bien à l'aspect paisible et
candide de son visage qu'il n'était instruit de rien de ce qui la concernait,
et elle en éprouva du soulagement. L'idée
de confier ses malheuss à ce vieillard et

de s'en faire un protecteur ne vint point
à son esprit : elle savait trop que, malgré
ses principes de justice et de piété, il ne
pouvait prêter à une femme inconnue
des secours qui entraîneraient la ruine
de son frère.

Richard était en ce moment à la fabrique ; le prêtre s'assit sur un siége de
buis en face du banc qu'occupait Valentine. Après un silence entrecoupé de rares
et difficiles paroles les regards du pasteur
et ceux de la comtesse se trouvèrent un
instant tournés ensemble vers le coteau
voisin. Valentine, autant pour satisfaire
sa curiosité que pour éloigner d'elle-
même l'attention du frère d'Ambroise,
lui demanda quel évènement rappelait

cette roche à demi taillée avec sa croix et ses cyprès.

— La roche et la croix, dit-il, ombragent le tombeau d'une jeune fille.

— Une couronne de roses blanches y est suspendue... la guirlande est enlacée d'un serpent... les roses sont fraîches... le serpent est mort et desséché... que veut dire ce symbole ?

— Il se rapporte à une légende moderne, car il y a encore de ces imaginations naïves dans les campagnes d'aujourd'hui, et la poésie n'y a perdu que son nom ; ce symbole rappelle la mort de la pauvre Marie.

Marie ! répéta Valentine, qui avait vu ce nom dans la lettre de Richard qui était tombée sous ses yeux.

Puis elle ajouta avec intéret :

— Cette jeune fille morte d'un amour malheureux...

— Ah.! vous le savez, dit le prêtre dont cette demi-ouverture de Valentine captiva la confiance ; oui, la pauvre Marie dans son ignorance de toute chose est morte d'amour sans en savoir le nom.

— Comment !

— Un jour d'hiver, le torrent qui coulait alors dans le ravin que vous voyez d'ici, était bordé de glaçons chargés de neige, et l'eau resserrée bondissait à grand bruit au milieu ; la neige était aussi amassée sur ce petit pont formé de branches d'arbres enlacées, et cachait les fractures qui s'y étaient pratiquées. Mon

frère Ambroise avait alors confié le soin
d'une chèvre à Marie, qui gagnait quelques deniers à la garder pendant la journée. Ce soir là, comme elles rentraient
au logis, le pont brisé céda sous les pas
légers de Marie et de sa chèvre, et toutes
deux roulèrent dans le torrent. Richard
qui les avait aperçues se jeta à la nage, et
après des efforts inouis au milieu des glaçons bondissants qui le séparaient de la
pauvre enfant, parvint à la saisir, et à la
ramener au rivage. Marie r'ouvit les yeux,
et les premières choses qu'elle vit furent
Richard son sauveur et le corps de la
chèvre que les eaux avaient jetés à quelques pas sur le bord. Son étonnement fut
extrème. Dans les idées où la pauvre petite avait été élevée elle ne comprenait pas

que Richard eut laissé périr une belle chèvre, aux longs poils soyeux, aux mamelles pleines de lait, pour la sauver, elle, misérable enfant dont la vie devait être comptée pour rien.

— Elle s'étonna de cela !

— Vous n'avez pas vécu à la campagne, madame, à ce qu'il parait ; vous ne savez pas que l'existence d'un être humain y est bien moins précieuse que celle d'une pièce de bétail. Dans les pauvres hameaux, quand une bête du troupeau est malade on envoie chercher un homme de l'art, on la soigne, et si elle meurt, on pleure ; quand un enfant est malade, on s'en occupe à peine, et s'il meurt, on dit avec un sourire : c'est un malheureux de moins.

— Oh! mon dieu !

— Marie vit dans l'action si simple de Richard une bonté sublime et presque divine. Depuis ce moment sa reconnaissance, son enthousiasme s'exaltèrent jusqu'à la folie. Je découvris son mal le premier, et je jugeai qu'il était incurable : car plus on voit Richard plus on doit l'aimer; son âme est plus belle encore que ses traits ; il possède toutes les vertus, et il sait y donner un charme indicible par l'exquise délicatesse de son cœur, par l'éclat brillant de son intelligence.

Il y avait loin de l'homme qu'on peignait ainsi au brigand armé pour arrêter les passants au fond d'une forêt. Valentine, tout en acccusant ce prêtre d'un étrange aveuglement, écoutait cependant avec in-

térêt et curiosité cet éloge de Richard,
qui encore une fois, en dépit d'elle-même,
bouleversait toutes ses idées sur cet
étrange jeune homme, auquel un hasard
si cruel avait soumis sa destinée.

— Marie, reprit le pasteur, aimait Richard sans pensée, sans désir, sans espoir,
comme une plante aime le soleil, comme
une plante qui se décolore et se penche si
un nuage lui cache l'astre brûlant, et qui
meurt consumée jusqu'à la racine si elle
reste exposée à ses rayons. Lorsque Marie
voyait Richard à l'église ou aux réunions
du dimanche, son teint se colorait, ses
yeux s'animaient, la vie circulait dans
tout son être ; s'il venait à s'éloigner elle
pâlissait, se repliait sur elle-même, et
mettait la main sur son cœur qui seul vi-

vait encore. Elle ne cachait à personne le
sentiment passionné dont elle ignorait le
nom et la coupable folie, et disait seulement en parlant de Richard : *Il est en moi*,
pour exprimer cette possession intime et
complète qu'il avait acquise de tout son
être.

— Pauvre enfant!

— Elle passait des journées entières sur
ce côteau d'où elle découvrait l'habitation
de Richard, et pouvait parfois l'apercevoir
lui-même entre les arbres de son jardin.
Je la trouvai un jour assise sur cette roche
le coude appuyé sur son genoux, la tête
penchée dans une de ses mains, et tenant
toujours de l'autre le cordon avec lequel
elle conduisait autrefois la chèvre d'Ambroise; des larmes coulaient le long de ses

joues. Elle fixa sur moi ses yeux où se faisait voir un doux et naïf égarement, et s'apercevant de la pitié que m'inspiraient ses souffrances, elle me dit en souriant que tout cela était près de cesser parce qu'elle allait bientôt mourir. Je m'assis près d'elle. Elle me conta qu'il lui était impossible de se livrer à aucun travail, qu'elle ne pouvait ni garder les troupeaux sans en laisser égarer la moitié, ni filer ou coudre sans gater l'ouvrage qu'on lui confiait; qu'étant devenue ainsi inutile à ses parents et incapable de gagner son pain, elle allait tous les jours à l'église et faisait une neuvaine à la vierge Marie sa patrone pour lui demander de la retirer de ce monde.

Je l'écoutais, mais je ne pouvais comprendre cette passion insensée. Je ne concevais pas comment, quand on doit à Dieu à un amour immense et absolu, on peut porter ce sentiment sur une de ses créatures. Je me dis que c'était la faute de mon intelligence bornée qui ne pouvait connaître toute la destinée du cœur, et j'essayais de fortifier et de consoler Marie par les principes de la religion. Mais jugeant mal de ses souffrances mes secours étaient infructueux, et je m'aperçus que de toutes mes paroles elle n'entendait que le nom de Richard.

Je la quittai le cœur navré. Peu de jours après on la trouva à cette même place où je l'avais entretenue, et où elle demeurait sans cesse, étendue sans vie sur la terre, et le sein entouré d'un serpent.

dont la piqure avait été mortelle. Ses compagnes, qui connaissaient les ardentes prières par lesquelles elle demandait la mort, pensèrent que le ciel avait voulu exaucer ses vœux, et pour conserver le souvenir de ce miracle, on laissa toujours sur sa tombe creusée dans cette même roche le serpent tué et enlacé à des roses blanches.

Comme le pasteur achevait ce récit il aperçut Richard qui sortait de la fabrique et se dirigeait vers le jardin. Oubliant tout le reste, et ne songeant pas même à adresser une parole de plus à Valentine, il se leva et alla précipitamment au devant de son neveu.

Il y avait dix jours que le bon prêtre n'avait pas embrassé Richard.

Valentine demeurée seule réfléchit longtemps à ce qu'elle avait entendu. Elle venait de voir au sein de la campagne la plus rustique, et chez des êtres qui comptaient à peine dans les rangs de l'humanité cet amour immense, passionné souvent rêvé par elle, et qu'elle avait dû croire une chimère tant qu'elle était restée dans le grand monde. Elle pensa encore que si Richard l'avait connu en d'autres circonstances et avait osé l'aimer, elle eût été pour lui ce que lui-même était pour Marie, un bonheur impossible. Elle regarda encore la tombe sauvage, et éprouva pour la pauvre enfant qui y reposait cette pitié profonde, dans laquelle la certitude de n'être pas exposée au sort qu'on plaint mêle une certaine douceur.

LA HAINE A VINGT ANS.

VIII.

Quand Richard était au jardin sa présence n'empêchait pas Valentine d'y descendre; ils erraient alors tous deux du côté le plus opposé; et chacun d'eux semblait entièrement seul, et complètement

occupé de la pousse nouvelle d'un arbuste, d'un essaim d'abeilles passant en
ordre dans des touffes de roses, où de la
rixe de deux pinsons sur une allée de sable.

Valentine avait besoin, dans ses tristesses, d'attacher ses yeux sur les plus charmants objets, sur ceux qui sont faits
d'harmonie et de grâce pour les plaisirs de
la vue, comme la musique et les parfums
pour d'autres sens. Quand elle avait assez
contemplé l'horizon, le ciel d'azur et de
feu, vers lequel les collines verdoyantes
semblaient tracer une route, ou bien, à
deux pas d'elle, le beau marronnier fleuri
qui présente ce que l'arbre a de plus ma-
jestueux, ce que la fleur a de plus suave,
elle regardait Richard.

La veste brune du jeune homme s'entr'ouvrait ; une chemise de la toile la plus blanche se déroulait sur un buste admirablement dessiné, entre une ceinture rouge et une cravate de la même couleur, qui, négligemment nouée, laissait voir un cou moulé selon les plus belles formes de la statuaire ; sa tête brune était relevée par le noir magnifique de ses cheveux, de ses sourcils, des long cils qui voilaient ses yeux éclatants. Ses mains, que quelques jours d'oisiveté avaient suffi pour rendre à leur élégance naturelle, se détachaient en blancheur dans la verdure des arbres, dont il relevait négligemment les branches. Et Valentine, en reposant ses yeux sur ce qu'il y avait de plus beau autour d'elle, ne pouvait s'empêcher de le regarder à son tour.

La solitude et le silence pesaient à la jeune femme; car, dans notre nature, nous avons besoin de communication avec nos semblables comme d'air à respirer. Mais le ressentiment était toujours trop fort en elle pour qu'elle voulût adresser la parole à l'un de ses oppresseurs et Richard fuyait aussi toute occasion de lui parler, par fierté et par compassion. Leur situation demeura donc longtemps la même.

Un jour Volf, qui depuis longtemps regardait de loin Valentine et montrait des signes de joie en la voyant descendre au jardin, traversa par le milieu une plate-bande de belles tulipes, et, se couchant devant la comtesse, frôla par des mouvements caressans la garniture de sa robe.

— Ici, Volf! dit Richard, prends donc

garde aux tulipes de Hollande et aux dentelles de madame.

Comme cette phrase était trop dévelop-
pée pour s'adresser entièrement à Volf, et,
présentait, avec l'instruction donnée à celui-ci, une certaine sollicitude pour la parure de la comtesse, la jeune femme crut
pouvoir y répondre sans avoir à se reprocher de prendre la parole la première.

— Vous amenez toujours ici cette vi-
laine bête, dit-elle à Richard qui s'était
approché d'elle, pour me rappeler que je
suis perdue au fond des bois et m'effrayer
davantage ; mais vous vous trompez, je
n'ai peur de rien.

— Je vous demande pardon, madame,
ce loup que j'ai pris tout petit et que j'ai
privé, me suit partout sans que je m'en

aperçoive ; je suis si accoutumé à l'avoir à
mes côtés, que je ne remarque pas sa pre-
sence.

— Et pourrait-on savoir pourquoi vous
avez choisi ce singulier compagnon ?

— Il est d'une race qui habite au fond
des forêts sans communication avec les
lieux habités, qui vit de ce qu'elle dérobe
laborieusement : c'est un rapport avec le
pauvre paysan.

— Une triste ressemblance.

— Il y en a d'autres encore. Voyez, madame, sa fourrure est de la même nuance
que mes vêtements : nous devons être frères, nous portons les mêmes couleurs,
tristes et sombres.

— Elles sont bien choisies ainsi, puisque c'est dans des exploits nocturnes que vous devez les arborer.

Richard pâlit et répondit d'une voix sourde et brève :

— Je regrette qu'elles aient pour vous des souvenirs aussi repoussants que leur aspect... Mais vous voyez pourquoi ce loup est devenu mon compagnon, mon ami. Il fallait auprès de Richard, l'enfant de la vie rude et sauvage, l'animal au caractère rude et sauvage aussi : un chien même eût été trop civilisé pour moi. Il y a quelque temps Volf a refusé pendant deux jours de me suivre parce que je l'avais chassé d'auprès de moi injustement, et je lui en ai su bon gré. Votre joli barbet n'en aurait pas fait autant, n'est-ce pas, madame?

— Pauvre Franfreluche ! je suis sûre qu'il pense bien à moi !... ainsi que mon bon frère, et le marquis de Saverny qui se plaisait, il y a si peu de temps encore, à m'arranger un magnifique avenir !... et le vicomte de Chabrol, qui ne danse bien qu'avec moi, et qui a eu de si beaux succès au dernier bal de la cour !

Richard fut très surpris de l'entendre ainsi confondre dans ses regrets son petit chien, son danseur et l'homme qui avait obtenu sa main.

Il répondit avec un accent plein d'amertume :

— En effet, Fanfreluche a une belle fourrure, ces messieurs ont de beaux habits, des bijoux, des pierreries; et pour vous, l'habit, les joyaux, les rubans, les dentelles, c'est l'être tout entier.

— Oh non ! mais ce sont pourtant les signes gracieux et brillants qui, selon les règles ordinaires du monde, répondent aux distinctions morales, indiquent les grâces de l'esprit, la délicatesse et l'élégance des sentiments.

— Voilà une habile interprétation.

— Pourquoi ne joindrait on pas un peu l'idée du mérite personnel à l'ornement du costume, puisque à son origine toute parure fut une récompense. L'hermine et les plus riches fourrures furent permises à ceux qui les premiers avaient eu le courage de vaincre les animaux du nord, les diamants appartiennent à la noblesse dont l'éclat doit être toujours pur comme le

leur, dans les campagnes mêmes une couronne de roses est donnée à la fille la plus
sage. Pourquoi, en prenant ces signes d'une
manière plus générale et plus vague, ne
croirait-on pas que les rubans et les dentelles sallient ordinairement à des natures
délicates et choisies : c'est ainsi seulement
que la toilette peut avoir quelque prix.

Elle ajouta en souriant :

— Pour moi, j'ai donné un collier de
rubis à mon joli barbet comme une déco-
ration qu'il avait méritée par sa gentil-
lesse et son bon cœur.

— Je le vois, madame, c'est ainsi que
l'intelligence supérieure des grands expli-
que l'orgueil de leur parure pour un orgueil plus grand, tandis que notre esprit
étroit ne voit dans le luxe d'un costume

seigneurial que l'indice d'un bon tailleur
et d'une bourse bien garnie, deux choses
données par le hasard, qui ne font pas de
celui qui les possède un homme supérieur
mais seulement un mannequin de belle
apparence.

— Quand cela serait, l'extérieur a aussi
son prix et on ne doit pas dédaigner les
charmes de l'apparence.

Le mérite réel est toujours caché, et
souvent indéterminable, alors, si de tous
les gens qui passent en foule près de vous
on ne doit connaître que la surface, il vaut
mieux qu'elle soit agréable.

Elle dit encore avec une certaine tristesse :

— Il faut bien qu'on puisse aimer des
yeux si ce n'est du cœur.

— Et voilà ce que vous regrettez si vivement!...

— Oui, bien vivement, car l'habitude avait fait de la cour de France une espèce de patrie pour moi; j'aurais besoin de revoir le palais, de me retrouver dans ses fêtes, dans son tourbillon pour respirer à l'aise. Pour un de ces jours que je voyais passer autrefois avec tant d'indifférence je donnerais ma vie; je me croirais dans le ciel si je pouvais entendre sonner la chasse royale, voir s'ouvrir le carrousel ou les *appartements* de Versailles...

— Il est bien dommage qu'il vous faille renoncer à de si belles affections.

— Je n'y renoncerai pas, monsieur : le détachement de ce qu'on a connu, aimé, demande bien du temps, et moi, je n'en aurai pas. La pauvre alouette prise dans un piége rompt ses filets, ou elle meurt.

En parlant ainsi, ils étaient arrivés à l'extrémité du jardin. Valentine posa son coude sur le mur d'apui, sa tête dans sa main. Elle regarda au-dessous d'elle le lit de la rivière desséché; du côté de la terrasse la marge était couverte de jacinthes de toutes nuances, entourées d'une petite balustrade; ce terrain argileux leur convenait et elles y avaient pris un développement magnifique.

— Comment se fait-il que vous ayez exilé ces belles fleurs dans cet endroit? demanda-t-elle à Richard.

— A la première d'entre elles qui est éclose, j'avais cru remarquer qu'elle vous plaisait, je les avais alors rassemblées dans

des caisses légères pour qu'elles pussent
être transportées chez vous. Mais à la pro-
position que je vous en ai faite, vous m'a-
vez répondu avec un si amer dédain que
je les ai transplantées ici, afin que ces
fleurs, que j'avais osé vous destiner, ne
blessassent plus vos yeux, et qu'en vivant
dans cette terre favorable, elles me rappe-
lassent longtemps, à moi, le souvenir de
votre mépris... Vous voyez qu'elles se sont
parfaitement conservées.

Valentine, pour s'épargner la peine de
répondre à cela, avait pris un air de distraction et promenait ses regards sur le côteau voisin.

Puis elle laissa tomber avec un accent
plein de mélancolie ce mot :

— Pauvre Marie !...

Richard fit un mouvement de surprise.

— Pourquoi dites-vous *Marie?*

— Cette tombe n'est-elle pas celle d'une jeune fille?

— Oui, mais ce nom… pourquoi le dites-vous?

— Je ne sais… toutes les jeunes filles de la campagne sont sous le patronage de la Vierge, et doivent, avec un autre nom, porter celui de *Marie.*

La fin de cet entretien avait renouvelé de profondes tristesses dans l'âme de Richard. Valentine se livrait à de pénibles réflexions sur la fatalité, habile à créer des causes les plus différentes le même malheur. Elle rapprochait son sort de celui de cette jeune fille. L'enfant du hameau était morte de douleur de n'avoir pu ap-

partenir à Richard; elle, elle allait peut-
être succomber à la souffrance d'être unie
à lui par un lien barbare!...

La cloche de la fabrique sonna la fin de
la journée; Valentine ni Richard ne l'en-
tendirent point, absorbés qu'ils étaient
dans leur rêverie; mais un instant après,
Ambroise parut au fond d'une sombre
voûte de chênes. A la vue de ce grand
vieillard, dont la tête pâle, chargée de
tristes pensées, autant que de longues années, blanchissait dans l'ombre, Valentine
crut soudain sentir l'air se refroidir autour
d'elle. Elle s'éloigna rapidement.

Chaque fois que l'heure sonnait, Richard pensait combien cette heure devait
paraître longue à la pauvre exilée. Il es-
saya de donner à ce temps nourri d'un

éternel ennui quelques alimens moins amers. Il fit venir de Paris pour Valentine des livres, de la musique, un théorbe, instrument à la mode en ce moment-là, un métier de broderie et tout ce qui peut servir aux ouvrages de femmes ; puis un prie-Dieu au Christ d'ivoire, au coussin de velours, car il pensait qu'une femme de la cour devait avoir besoin de luxe même pour la prière.

Richard faisait déposer ces objets dans la chambre de madame de Lussan en son absence, et recommandait à la villageoise attachée à son service de dire que la pensée de procurer ces distractions à sa maîtresse venait d'elle, car, pour lui, il rougissait de faire cette misérable aumône à celle à qui il avait tout enlevé.

La comtesse de Lussan, excepté l'argent et les bijoux volés par ses ravisseurs,
avait conservé les parures à son usage qui
se trouvaient avec elle dans sa voiture.
Ainsi dans sa chambre où des nattes de
paille étaient les seuls tapis étendus sur la
pierre, où le lierre servait de rideaux aux
vitrages, les robes de soie étaient semées
sur des siéges rustiques, les gants parfu-
més, l'écharpe, l'éventail, comme le
théorbe et la musique, reposaient sur un
bahut de chêne, les essences coulaient
dans des vases de terre, et Valentine se
voyait elle-même toujours belle et noble
dame, dans un miroir de deux pieds au-
dessus d'une cheminée de pierre.

Un contraste semblable existait dans son
âme : sur les nuages de la tristesse, les om-

bres de l'ennui passaient toujours des lueurs d'espérances qui semblaient l'aube radieuse des beaux jours à venir ; tous les pressentiments, toutes les révélations du monde intérieur étaient douces pour la jeune femme et semblaient lui dire de se consoler et d'attendre.

Depuis le moment où le fils d'Ambroise et la dame d'honneur de Marie-Thérèse avaient osé se parler en dépit des éléments de haine et des souvenirs affreux, ils s'étaient souvent entretenus de nouveau.

Madame de Lussan, depuis la conversation qu'elle avait surprise entre le vieil Ambroise et son fils, ne regardait plus ce dernier comme un de ses oppresseurs, mais plutôt comme une seconde victime du fanatique vieillard. Le bon vieux prêtre, pré-

cepteur de Richard dans sa tendresse enthousiaste pour son élève qui avait montré
aussi le caractère et la vie curieuse du
jeune homme sous les traits les plus beaux.
Elle voyait maintenant Richard tel qu'il
était, simple enfant de la campagne, doué
d'intelligence et de cœur, nourri d'une
éducation religieuse et poétique. La scène
si rapide du bois de Montlhéry s'effaçait
dans le lointain; le brigand disparaissait
derrière le jeune et beau paysan, tant le
présent a de force contre le passé, tant les
impressions de chaque jour sont puissantes.

Mais la différence des rangs subsistait
toujours dans toute son étendue; elle était
entre eux deux une barrière infranchissa-
ble; une jeunesse, une beauté mutuelle,

une grâce d'esprit semblable ne pouvait vaincre la disparité choquante de la robe de soie et de l'habit de bure ; et la comtesse en s'entretenant avec Richard ne croyait pas encore communiquer avec un être semblable à elle-même ; elle lui parlait seulement par ce besoin irrésistible qui porte le prisonnier à apprivoiser un insecte plutôt que de rester seul dans ses murailles.

Un soir Valentine en se promenant au jardin à pas lents ne détournait pas les yeux du livre qu'elle tenait à la main, et par là semblait déclarer qu'elle ne se souciait pas de la conversation de Richard ; mais elle ne l'eût pas plutôt vu prendre un livre lui-même et y attacher ses regards qu'elle l'interrompit dans cette occupation solitaire.

Elle était arrêtée au milieu d'une allée d'amandiers dans laquelle la ruine, frappée du côté opposée pas le soleil, projetait de grandes ombres.

— Voyez donc, dit Valentine, quelle forme gigantesque et bizarre est étendue sur le sable.

En effet la vieille muraille aux dentelures aigües, aux pans rongés d'entailles profondes dessinait vaguement des images difformes et repoussantes. Des têtes de gorgones se penchaient prêtes à rouler sur la tombe de mousse, des blocs détachés de leurs assises semblaient des corps raidis dans des torsions convulsives, et les colonnettes qui s'en élevaient des bras de squelettes tendus par des gestes menaçans;

tout l'ensemble exhalait l'impression de la laideur qui gémit et blasphème.

— Ne dirait-on pas, continua la jeune femme, les silhonettes de vingt démons je-tées entre ces douces et belles fleurs d'a-mandiers!... Comment peut-on avoir l'é-trange idée de s'établir dans ce repaire, ajouta-t-elle en tournant la tête vers la ma-sure.

— Vous pensez, madame, répondit Ri-chard, que tout le monde a place dans les hôtels; mais il est telle condition ou on ne peut pas même choisir entre une carcasse délabrée et une chaumière.

— Je sais bien qui habitait ici avant vous.

— Voudriez-vous me le dire?

— C'était la marquise de Brinvillers et

tous les démons qu'elle y avait amenés.

—Qu'elle y avait amenés, c'était donc elle qui séduisait le diable.

— Ne riez pas. La jeune Marguerite eut de bien bonne heure une ambition ardente d'éclat et de domination dont la beauté et la fortune, devaient être les meilleurs moyens de succès.

Sous pretexte de respirer un air plus favorable à sa santé, elle demanda à son père de se retirer quelque temps, seule avec une gouvernante, dans une campagne sauvage, qui d'après ce que j'en ai entendu dire doit être celle-ci même. Là elle put se livrer à l'aise à la culture des sciences occultes, et obtenir des esprits infernaux l'art d'augmenter le pouvoir de ses charmes. Elle composait des philtres

qui rendaient sa peau plus blanche et plus
velouté, qui donnaient à tout son corps
une souplesse voluptueuse, elle trempait ses
cheveux dans une eau magique qui les
imprégnait d'un parfum éternel et enivrant. Puis avec sa gouvernante, vieille,
hideuse, et vêtue de laine noire pour faire
ressortir sa jeunesse et sa parure, elle allait
dans une grotte profonde de ces parages
essayer sur les démons eux-mêmes l'empire de sa beauté, et elle apprenait dans
les bras de l'un d'eux le secret des plus
excitantes séductions, des plus acres voluptés. Puis elle étudiait aussi la nature des
simples dont le suc est mortel et le moyen
d'en extraire le venin. Elle connut ainsi,
comme elle le dit elle-même, l'art de
donner un coup de pistolet dans une limo-

nade. Plus tard elle fut liée avec Sainte-Croix qui lui-même pendant son séjour à la Bastille avait appris de l'Italien Exili les secrets dangereux qui servent l'ambition et la vengeance. Ils composèrent ensemble le bouillon que Marguerite présenta à son père d'un air calme et le sourire sur les lèvres, les breuvages qu'elle versa avec la même volupté de meurtre à ses deux frères et à sa sœur, et tous les élixirs sous lesquels succombèrent tant de victimes.

Richard n'avait pas une idée de ces monstruosités si communes en ce temps; il pâlit et frissonna devant ce rafinement de cruauté par lesquels quelques femmes de cette époque étaient parvenues à laisser bien loin derrière elle les bêtes féroces, et que la comtesse de Lussan lui révélait avec

calme par l'habitude d'en entendre le récit.

Elle sourit même de l'espèce de stupeur
dans laquelle il semblait plongé.

— Je pense dit-elle que pour vous établir dans ces décombres vous avez été
forcé d'en chasser les magiciens qui étaient
venus s'y établir après la célèbre empoi-
sonneuse et les démons, qui y avaient
trouvé un asile tout-à-fait à leur conve-
nance, car chacun de ces enfoncements et
recoins ésait très propre à loger un mauvais esprit, et ces campagnes désertes doivent abonder en plantes venimeuses, propres à composer les poisons.

— Je vous demande pardon, madame,
ces poisons se composent dans les villes,

car la méchanceté, l'envie, la superstition en sont les matières premières.

— Qui aurait jamais cru, continua-t-elle sans lui répondre, qu'un semblable repaire pût devenir ma demeure! et que je dusse y rester tant de jours... tant de mois peut-être... mais non, plus le temps s'écoule, plus je pense que ma délivrance approche, et j'attends à toute minute le libérateur que le ciel doit m'envoyer.

— C'est pousser bien loin l'espérance; il est vrai que comme une religion favorable a fait de ce bonheur une vertu, votre cœur ne saurait trop la pratiquer.

— On a pu voir des femmes enlevées et retenues prisonnières dans des temps barbares où il n'existait que la loi du plus fort; on pourrait encore peut-être, dans quelque château fort, perdu aux confins de la France, ensevelir une infortunée qu'on voudrait dérober au monde: mais dans les jours où nous sommes, et ici, à quelques lieues à peine des habitations royales, un pareil attentat est impossible.

Richard baissait la tête et son front était chargé de tristesse, non de subir les reproches que ces paroles de Valentine semblaient lui adresser, mais de ne pouvoir partager ses espérances pour elle-même.

— Voyez, dit-elle en montrant une tige de giroflée au bord du bâtiment ruiné, cette plante était étroitement enfermée dans le joint de la muraille, mais, quoique sa tige soit bien faible auprès des fortes pierres qui l'entourent, elle est venue à bout d'en sortir; et maintenant elle s'é-

panouit en liberté, et joue à tous les vents ;
pourquoi ne sortirai-je pas aussi de ces
murs pour retrouver l'air et l'espace !

Richard disait en lui-même :

— Elle ne parle que de quitter sa prison
pour redevenir libre ; elle croit peu à ce
qu'il paraît au mariage qui nous lie...
Elle a raison, quelque sainte que soit la
formule qui unit deux êtres ensemble, l'a-
mour seul peut la consacrer.

Valentine appuya son bras sur la bran-
che basse d'un jeune amandier, et pencha
sa tête dans sa main.

— Oui, dit-elle à Richard pour le braver par son assurance et son espoir, j'ai
foi en l'avenir. On m'a dit que mon
enfance avait été entourée d'heureux
présages ; on m'a dit qu'en voyant le

jour j'avais souri, au lieu de pleurer;
quand j'étais enfant, une devineresse, à
qui on demandait mon horoscope en lui
présentant ma main, a répondu que si elle
n'avait que des destinées comme la mienne
à prédire, sa profession serait plus agréable, et qu'il n'y aurait pas tant de larmes
sur la terre. Et maintenant, au milieu de
mes étranges malheurs, et malgré tout ce
qui devrait m'accabler, j'entends toujours
dans mon âme comme une voix de Dieu
disant qu'il veille sur moi... Même dans
cette prison que vous m'avez faite au fond
de cette campagne sauvage, il est encore
des objets dont la vue me console? le sable sur lequel je marche me fait penser
que le sable de la forêt a pu garder l'empreinte de mes pas pour dévoiler le che-

min de ma retraite à ceux qui la cherchent
sans doute; ces rameaux épineux me rap-
pellent que des lambeaux de mon voile
sont restés attachés aux broussailles de la
route, et serviront aussi d'indice pour découvrir mes traces; ces oiseaux qui croi-
sent en un instant toutes les plaines de
l'air me font songer que mes amis par-
courront ainsi tous les points de la terre
pour m'y retrouver; enfin, le moindre
nuage que je vois se lever à l'horizon me
dit que l'orage peut venir renverser les
murs où je suis prisonnière...

— Ajoutez, madame, dit Richard, que
ces murailles croulantes en ouvrant un
passage à la victime écraseront sans doute
ses oppresseurs... Mon Dieu, vous avez rai-

son, c'est peut-être ce qu'il pourrait arriver de plus heureux à tous...

— Non, dit-elle, je ne souhaite point de mal à ceux qui m'en ont le plus fait ; mon cœur, occupé de douces affections, n'a pas le temps de haïr ; ma pensée, franchissant ces murailles sombres où mon corps est enfermé, retourne auprès de ceux que j'aime. Je vois toujours ma chère maîtresse, la reine Marie-Thérèse ; je suis au mileu de ces gracieuses dames d'atour qui étaient si vite devenues mes sœurs ; de ces brillants cavaliers, si ardens à la chasse, aux courses, aux tournois, pour apporter leurs succès à nos pieds ; je vois toujours mon joli petit Franfreluche folâter autour de moi...

Richard, étonné de la voir encore,

comme dans leur premier entretien, faire un si singulier mélange de ses sentimens, hasarda une réflexion :

— Madame, dit-il d'une voix altérée, malgré le grand nombre d'affection que vous répandiez de toute part, je m'étonne que vous ne mettiez pas au premier rang dans vos souvenirs et dans vos regrets celui... que le roi avait choisi pour l'unir à vous.

— Le marquis de Saverny ?

— Sans doute ; vous alliez l'épouser.... vous l'aimiez.

Elle promena dans l'espace ce regard perdu qui accompagne la réflexion, et répondit avec un léger mouvement de tête.

— Non.

— Vous ne l'aimiez pas ! dit Richard, d'un accent singulièrement ému.

— Et si je l'avais aimé, monsieur, serais-je ici !

Valentine prit une expression de résolution et de courage qu'on aurait dû croire incompatible avec la douceur et le calme habituel de ses traits et continua :

— Serais-je ici ! serais-je vivante ! n'aurais-je pas mille fois préféré la mort à une séparation aussi cruelle, à l'horreur de contracter l'ombre d'un mariage avec un autre ! Oh ! vraiment on peut sacrifier sa fortune, son rang, sa liberté au désir de conserver la vie, car à vingt ans on a bien envie de vivre encore, mais on ne sacrifie pas l'amour ! L'amour donne un courage qui vient de lui et n'appartient qu'à lui ;

l'amour donne un âme nouvelle bien forte et bien grande. Si j'avais aimé Saverny, j'aurais reçu d'en haut des inspirations puissantes pour combattre la violence, j'aurais trouvé dans mon cœur des moyens de salut, j'aurais fui ma prison ou je serais morte plutôt que d'y demeurer loin de lui... Oh ! si j'avais aimé, je n'aurais pas eu peur d'un coup de poignard !

C'était la première fois que la jeune femme, osait parler ainsi de l'amour ; elle avait toujours renfermé dans le secret de son âme sa religion pour lui. Cette animation de son cœur, en se répandant sur ses traits lui donnait une beauté toute nouvelle.

Richard la regardait avec une admiration ardente.

— Vous ne l'aimiez pas ! répéta-t-il encore, car une joie intérieure dont il ne se rendait pas compte lui ôtait toute autre pensée.

— Mais qu'est-ce que cela peut vous faire ? dit la comtesse, brisant là l'épanchement qu'elle venait de faire paraître, et qu'elle regrettait peut-être, par un ton froidement interrogatif.

— En vérité, madame, je n'en sais rien, répondit le jeune homme en se laissant tomber sur un banc, tandis qu'une larme brillait dans ses yeux et que les battements de son cœur soulevaient sa poitrine ; je n'en sais rien, mais il me semble que vous venez de m'ôter un poids affreux de dessus le cœur ; mais il me semble que je suis délivré de cette haine jalouse contre les grands qui m'oppressait depuis si long-temps et me faisait tant souffrir.

Il éloigna ses cheveux de son front, et sa belle figure laissa voir un air d'étonne-ment heureux.

— Comment, ajouta-t-il, ces hommes qui ont tant de diamants et de décorations à leurs habits, tant de parfums et de grâces dans toute leur personne, tant de fleurs et d'étincelles dans leur langage, ils peuvent n'être pas aimés, ils peuvent être vus avec indifférence, avec froideur, comme le serait le fils du peuple, sans éclat, sans parure, sans art !... Je ne sais comment cela se fait, mais enfin il me semble que je ne les hais plus...

Ce moment venait de combler une partie de l'immense intervalle qui séparait la jeune comtesse de Richard ; il y avait eu jusque là entre eux le penchant qu'il lui supposait pour l'homme de son rang et la répulsion qu'elle devait éprouver pour lui ; maintenant, la moitié de cette distance était effacée, et comme on juge de tout par comparaison, comme deux amis qui ont été séparés par les mers se croient réunis dès qu'ils sont sur le même continent, l'éloignement où le jeune paysan avait été jusque-là de Valentine lui semblait presque effacé.

C'était la source de cette douceur qui venait de se répandre en lui à son insu même.

Ce qui le faisait ainsi doucement tres-

saillir, c'était l'approche d'une femme
dont la distinction, les grâces d'esprit
réalisaient ses désirs élevés, séduisaient sa
pensée, et dont la beauté en fleur, les at-
traits délicats et charmants, répandaient
un feu subtil dans ses veines et brûlaient
son cœur de vingt ans.

Quand Richard releva les yeux, Valentine avait repris l'allée d'amandiers et continuait sa lecture; il put la contempler en
liberté. Il pensa alors que si jamais il osait
aimer cette noble dame, il ne verrait plus
entre elle et lui l'image de ce seigneur de
cour, fantôme insaisissable, ennemi que
tout le courage humain n'aurait pu vaincre; et ce fut la première fois que cette
supposition d'aimer la comtesse de Lussan
se présenta à sa pensée.

Depuis ce moment, la situation d'esprit du jeune villageois changea. Cette aversion pour la caste seigneuriale que les leçons d'Ambroise avaient mis des années à amasser dans son sein, venait de se modifier en un instant.

Dans la jeunesse, on place la plus grande somme de bonheur dans l'amour. Richard n'ayant plus alors ce sujet d'envie, vit l'inégalité de fortune d'un œil plus tranquille, et par conséquent plus juste; la blessure subsitait toujours, mais l'épine en était retirée.

SUR LA TOURELLE.

IX.

Le temps s'écoulait; le crime commis
par les deux fanatiques paysans restait
impuni; la prospérité du hameau de Cerny si singulièrement acquise, et qu'à tout
moment un évènement fortuit semblait

devoir venir renverser, continuait et s'ac-
croissait chaque jour.

L'usine était en pleine activité. Cette
fabrique cachée dans la gorge de ses collines, garantie de toutes les investigations
hostiles par une ceinture de campagnes
arides, marchait et fructifiait secrètement.
Nul chemin ne pénétrant dans la profonde vallée, les vigoureux artisans portaient à bras les marchandises fabriquées
jusqu'à la route, où des voitures à eux
les emmenaient dans les villes.

Ambroise avait jeté les dernières forces
de sa vie dans un acte de vigueur et d'au-
dace qui les demandait toutes, et avait
clos sa carrière de brigandage. Depuis ce
moment il s'était affaibli avec une rapidité
frappante; il sentait sa fin s'approcher au

dépérissement de son corps et à l'ardeur de son âme qui le poussait à avancer, à consolider son ouvrage, et lui disait qu'il était temps de l'achever pour s'endormir en repos.

A l'approche de la mort, ce fanatisme de l'humanité toujours jeune, toujours le même, qui tantôt brillait dans ses regards quand il commandait les travaux et répandait le salaire, tantôt sommeillait sous ses épais sourcils blancs quand il revenait seul et pensif s'asseoir dans la ruine, le rendait plus imposant que jamais, et semblait lui donner une empreinte surhumaine.

Richard passait une partie de la journée à seconder son père dans ses occupations ; le reste du temps il essayait de lire, d'étudier, de peindre ; mais souvent il demeurait le front appuyé dans ses mains, absorbé par les mille rêveries de sentiments qui avaient besoin d'éclore, et surtout par de continuels et pressants remords, qui revenaient toujours plus violents et surmontaient toutes les distractions qu'il s'efforçait de prendre.

Plus le tems avançait plus son rôle de géolier lui était insuportable. Des regrets cuisants de sa détestable action, mille prévisions différentes de la manière dont ce crime bizarre devait se dénouer, des aspirations ardentes vers un tems de repos, vers un seul jour passé dans la paix de l'âme remplissaient son esprit, tourbillonnaient dans son cerveau. Son corps était brisé, ses membres se refusaient aux

occupations actives ; il se sentait à la fois
grandi par la pensée, où mille lumières
inconnues jusque là pénétraient à flots,
et rapetissé par ces mouvements nerveux
et fébriles des passions qui nous ôtent
l'empire de nous-mêmes, et ce calme
imposant qui dans les orages de la vie de-
vient la puissance, la grandeur suprême.

Valentine, chaque matin éveillée par
le soleil et le vif gazouillement des oiseaux, pensait que cette journée, d'apparence si favorable, apporterait quelque
heureux changement dans son sort; et
dans cette journée cependant elle se re-
trouvait toujours à la même place; elle
rencontrait toujours de quelque côté
qu'elle marchât un mur épais ou une
grille de fer qui arrêtait ses pas, et, au

lieu de la liberté, de l'amour, de la fortune, du plaisir, elle ne pouvait cueillir que le liseron de la ruine.

Un jour elle eut envie d'aller au haut de la tour qui s'élevait au dessus de la mâsure, et d'où elle espérait découvrir un horison plus étendu. Elle n'avait point encore osé aborder cette partie du bâtiment, parce qu'il fallait pour y arriver traverser la chambre de Richard; mais en ce moment elle savait qu'il était retenu à la fabrique jusqu'à l'heure du repos des ouvriers **dont** la cloche l'avertirait, ce qui lui permettrait de rentrer sans être aperçue.

Elle entra dans cette chambre où elle s'était déja introduite un soir.

Moins craintive maintenant, elle se

promettait d'explorer les cartons de Richard, ses livres, ses dessins, et tout ce qui pourrait lui donner un moment de distraction. Mais en passant devant un portrait posé sur le chevalet, ses pas s'arrêtèrent subitement, son souffle même fut suspendu, tant il y avait de surprise et d'émotion pour elle dans la vue de cette figure.

C'était elle, elle parfaitement ressemblante (quoique encore embellie), mais dans le costume des paysannes de l'endroit : une coiffe de toile blanche à barbes relevées, une guimpe pareille, un corsage de drap rouge lacé de noir, au cou un petit velours noir soutenant un Saint-Esprit.

Le teint, les traits étaient parfaitement

semblables au modèle, mais il y avait une
nuance différente dans la physionomie; le
regard avait moins de vivacité et d'assurance, le front plus de candeur et de re-
cueillement, la pose de la tête était penchée et timide, toute l'expression de cette
figure, sans continuer la ressemblance des
traits, se rapportait au costume modeste
du portrait.

Au bas Richard avait tracé en blanc ce
mot : *rêve.*

Le premier mouvement de Valentine
fut un élan de reconnaissance pour le
peintre qui avait si bien su rendre ses
traits, et peut-être les flatter encore. Mais
ensuite elle s'étonna du costume singulier
qu'il lui avait donné; sa surprise devint
presque de la colère; elle pensa qu'une

fois délivrée de cette prison, son image y demeurerait enchaînée, y resterait toujours sous l'habit d'une villageoise... Puis soudain une tristesse plus profonde vint s'emparer d'elle : ce costume, qui l'attachait, pour ainsi dire, à ce village lui sembla un présage funeste, un avertissement du sort qui la condamnait à y rester toujours. Elle se sentit faiblir et tomba sur le tabouret qui était devant le chevalet.

De là, le jardin de la masure se déroulait devant elle.

Quand elle était arrivée ces allées d'amandier, ces massifs de tilleuls, ce rideau de peupliers n'étaient encore que des ramures teintes d'une couche noire par l'hiver, et terminées au sommet de petites

touffes d'un vert pâle, à demi-épanouies.
Maintenant des masses de feuillage les
inondaient; quelques parties rougies par
le soleil annonçaient le passage de l'été,
d'autres prenaient déjà la nuance jaune
de la dernière saison, et laissaient tomber
quelques feuilles mortes sur la terre !

Elle se prit à pleurer à la fois de tristesse et de crainte.

Cependant cette émotion passa aussi
vite que toutes les autres dans sa jeune
âme, plus jeune encore que ses vingt ans;
au milieu de ses pleurs elle sourit de sa
faiblesse.

Voulant chasser tout à fait cette impression pénible, elle alla dans sa
chambre prendre son théorbe, revint sur
la tourelle, et s'asseyant sur le cordon

sculpté qui régnait encore à l'entour, elle
se mit à jouer la musique de Lulli aux oiseaux sauvages. Elle songea qu'ainsi elle
avait toute à fait l'aspect d'une châtelaine
enfermée dans un donjon maudit, et jugea qu'elle était bien de celles dont la vue
devait donner à tout chevalier redresseur
des torts un courage invincible pour venir
la délivrer.

Cependant cette nouvelle partie de la
campagne n'offrait nulle habitation, nulle
route voisine, nulle trace de pas humains.

C'était, comme de l'autre côté, un
horizon borné, une chaîne de coteaux
arides que des bois couronnaient au loin,
une mousse générale, triste verdure du
désert, quelques broussailles suspendues

aux roches nues, quelques chêvres suspendues aux broussailles.

L'heure passa sans qu'elle s'en aperçut;
la pesanteur de l'air rendait favorable cet
endroit élevé où passaient quelques souffles plus frais.

En sortant de la fabrique, Richard, qui
était accoutumé à entendre les sons du
théorbe venir de la chambre de Valentine,
s'étonna qu'ils eussent changé de place.

Il aperçut alors au haut de cette tour
où n'habitaient plus depuis long-temps
que les oiseaux de nuit, une radieuse figure qu'une éclaircie du ciel chargé de
sombres nuages dorait encore au dessus de
la terre obscurcie. Il vit que la captive
s'était aventurée à traverser sa chambre, à

lui, pour élargir le cercle de sa réclu-
sion.

Si elle n'eût fait invasion que dans une
nouvelle partie de la masure, Richard
s'en serait peu inquiété, mais elle avait
pénétré aussi dans sa pensée en découvrant
ce portrait tracé pour lui seul. C'était une
fantaisie d'artiste, un désir de voir réu-
nies dans la même figure la beauté idéale
et la simplicité extérieure, un rêve de
peintre qui avait fait un pas vers la réalité
en s'imprimant sur la toile, mais ne devait pas aller au delà ; il souffrait de voir
sa pensée trahie.

Les sons de la musique aérienne vinrent le distraire de cette préoccupation.

La voix de Valentine était dans le chant
comme dans la parole remplie de modu-

lations très diverses, tantôt douce et claire, tantôt profonde et vibrante, toujours d'un timbre harmonieux; mais jamais Richard ne l'avait entendue avec autant de plaisir. Cette voix venant ainsi d'en haut, du milieu de ces lierres, lui faisait l'effet d'un chant d'oiseau, mais d'une harmonie plus intelligible pour nos sens, mieux appropriée à nos organes.

Richard, attentif à ses accords, approchait de la plate-forme d'un pas sourd et lent, de sorte qu'il se trouva en face de Valentine sans qu'elle l'eût entendu venir.

Elle rougit et fit un mouvement pour se retirer, mais Richard était déjà assis à ses pieds sur une pierre éboulée.

Elle, vêtue de soie blanche argentée

par la lumière, assise sur cette corniche sculptée, un théorbe à la main ; lui, reposant plus bas, dans l'ombre, sur une pierre brute, ils étaient ainsi placés selon leur position respective sur la terre, et tous deux semblaient s'y complaire.

— Vous êtes venue ici, madame, dit Richard, pour faire entendre vos doux accords de plus loin : vous avez pensé que même la nature sauvage devait être sensible à leur harmonie.

— Si jamais les pierres et les arbres ont été, comme on le dit, émus au son de la lyre, ce n'étaient pas les pierres d'une prison, les arbres d'une terre d'exil. Je n'étais venue en cet endroit que pour dissiper un instant ma tristesse. Car en me voyant ici, il me prend parfois une grande

pitié pour moi-même, et je cherche avec
sollicitude à me distraire de mes ennuis
pour ne pas en mourir.

— Je sens, madame, que vous ne pouvez détourner les yeux de votre propre
malheur; si pourtant cela arrivait, vous
en verriez auprès de vous de plus cruels
encore, et il y a parfois une certaine consolation à ne pas souffrir seul.

— Je sais, dit-elle en regardant Richard, que le premier auteur de ma sin-
gulière infortune en est atteint autant que
moi.

Les grands yeux si expressifs de Richard
se levèrent pleins d'étonnement et de douceur. Il n'avait pas cru que Valentine eût
jamais pensé à le connaître.

— Oui, répéta-t-elle, je sais que vous

n'avez été poussé à un acte de barbarie sans exemple que par la puissance d'idée généreuse transformée en fanatisme cruel dans le sein d'un vieillard...

— Madame...

— Oh ! ne craignez pas que je vous excuse à son préjudice ! il est votre père. Mais à peine l'attentat odieux a-t-il été commis que vous l'avez maudit.

— Richard tressaillit, et laissa malgré lui percer une lueur de ses remords.

— Quand on n'a pas une âme faite pour la haine et la vengeance, dit-il, quand l'exaltation violente de ses sentiments, à laquelle on a été livré, s'est trop tôt évanouie, il est affreux de poursuivre leurs conséquences cruelles, de devoir rester toujours armé de leur colère...

C'est comme si on prenait un serpent pour
frapper son ennemi, et que ce serpent
revînt s'enlacer autour de votre bras pour
ne plus vous quitter. La vie s'épuise douloureusement dans un mal où il n'y a ni
plainte possible, ni espérance permise.

Les traits de Richard portaient en ce
moment une empreinte de tristesse qui allait à l'âme. Valentine, cédant à un instinct de pitié, quitta subitement sa place
élevée au sommet de la tourelle, et s'assit
sur la longue pierre mousseuse qu'occupait
Richard. Ce mouvement amenait entre
eux une espèce de pardon et de fraternité.
Un frêle arbuste qui avait poussé obli-
quement entre les pierres disjointes laissait
retomber sur leurs têtes des branches effi-
lées, et cette légère enveloppe de verdure

qui les rapprochait, semblait donner aussi à leur entretien plus d'intimité et de confiance.

—Oui, dit Valentine, vous avez payé une nuit d'ivresse féroce par bien des nuits de regrets. Vous avez détesté votre crime, non pas seulement à cause du mal que vous faisiez souffrir à un autre, mais aussi par un retour sur vous-même, par le regret d'avoir perdu votre liberté en m'ôtant la mienne, de vous être mis dans l'impossibilité de contracter une union qui aurait eu autant de naturel et de douceur que celle formée par la violence avait d'amertume et de désespoir.

—Que vous ayez deviné mes sentiments, madame, ou que vous les ayez entendus exprimer de ma bouche, ce que vous di-

tes est parfaitement vrai. Oui, il est vrai,
que dans ma douleur profonde d'avoir
ainsi renoncé à l'amour, à l'amour pur et
partagé, je ne vous plaignais peut-être pas
autant que j'aurais dû le faire, parce que
je ne croyais pas que personne au monde
pût être plus malheureux que moi.

— Vous aviez rêvé l'amour au village ?

— Et pouvons-nous, nous autres paysans, chercher ailleurs que dans la classe
où sont nos mères et nos sœurs la femme
qui doit être pour nous autant qu'une
mère, autant qu'une sœur, et joindre à
ces sentiments de la nature l'attrait divin
de l'amour; la femme qui doit nous donner tout le bonheur connu, nommé ici
bas, et toutes ces délices que la langue
humaine ne peut exprimer parce qu'elles

sont sans doute un prélude de l'avenir céleste.

— Ainsi, dans vos projets de jeunesse
vous comptiez tresser une chaine toute de
marguerites et de violettes avec un cœur
innocent caché sous une robe de bure.

— C'était tout ce que je pouvais espérer
de mieux au monde. A la campagne, nous
n'avons rien de cette seconde vie factice
créée par le luxe au milieu de la première,
ni les prestiges des arts, ni les fêtes somptueuses dont les voluptés rafinées distillent
dans l'air des grands une continuelle
ivresse. En fait de jouissances, nous en
sommes encore à la simplicité du paradis
terrestre, à l'amour. Alors, pourquoi ne
trouverions-nous pas le dimanche, à la
danse sous la feuillée, cette magie puis-

sante qui fait la pelouse aussi belle que la salle de glaces de Versailles, la musique du ménétrier aussi harmonieuse que vos instruments enchantés, le verre de bière auquel les lèvres d'une jeune fille ont touché aussi enivrant que vos coupes de liqueur parfumée.

—Je ne pensais pas, dit-elle avec un nouveau sourire, que les femmes accoutumées à semer le grain dans le sillon pussent aussi semer tant de prestiges autour d'elles...

—Et vous ne le croyez pas encore, n'est-ce pas? Vous ne croyez pas que les délicatesses de l'esprit puissent germer dans un front hâlé par le soleil, que le cœur puisse battre sous un vêtement de laine... Cependant, puisque ce ne sont pas

les artistes et les ouvriers des villes qui
ont inventé l'amour, mais Dieu qui l'a
créé, et répandu jusqu'au sein des plantes,
il doit être le même chez toutes les créatures.

— Je le saurai maintenant, et je pour-
rai mesurer tout le bonheur que vous avez
perdu.

— Eh bien, madame, vous vous trom-
perez encore, car je vous ai dit ce que
j'aurais dû espérer et chercher, si j'avais
eu une ambition de cœur raisonnable et
de sages désirs, mais il n'en était rien;
Dieu sait que je n'ai jamais songé à trouver l'amour autour de moi. Un faux orgueil de sentiment, des exigences trop
grandes, que je dois peut-être à la nature,
peut-être à une éducation trop cultivée

pour ma sphère, m'ont toujours empê-
ché de désirer une compagne dans la classe
où je suis né, et, ne pouvant la demander
ailleurs, je ne l'ai jamais nommée dans le
secret de mon cœur. J'ai beaucoup aimé,
mais sans savoir ce que j'aimais : l'amour
dans mon sein était un bassin triste, profond, sans voix, et non un ruisseau qui
coule en murmurant doucement vers un
but connu et désiré... aussi j'ai bien souf-
fert, mais telle était ma folie, que je pré-
férais ma souffrance à tous les biens fa-
ciles que j'aurais pu posséder.

— Cependant votre prédilection pour
vos sœurs du hameau est bien grande ; car,
ne pouvant être uni à une villageoise, vous
avez donné à celle à qui le malheur vous
a lié les habits du village.

Une vive rougeur couvrit le front de Richard à l'allusion que madame de Lussan
faisait à son portrait. Il répondit d'une
voix entrecoupée :

— Je désirais voir un instant, dans la
classe où elle aurait pu m'appartenir, la
femme dont la beauté idéale, dont les
charmes d'esprit et de sentiment devaient
donner le plus de bonheur à cette possession : ce n'est pas de ma faute si j'ai tracé
votre image...

Valentine baissa les yeux sans répondre.

— Cette femme que mon âme aurait di-
vinisée, je ne puis l'appercevoir qu'en éle-
vant les yeux bien au dessus de ma sphère;
ce ne serait pas ma faute encore si dans
un moment d'enivrante extase je croyais
la trouver en vous, que je vois ainsi au

sommet de cette tour aérienne, enveloppée dans l'auréole du ciel...

Richard étonné de ce qu'il avait osé dire, se tut subitement. Valentine, la tête penchée sur son théorbe, en touchait négligemment la corde argentée; un ciel chargé d'orage les enveloppait de vapeurs rouges et enflammées... Ils étaient seuls; il n'y avait de monde pour eux que les plaines de l'air; il n'y avait de voix que les sons vagues, pénétrants de la corde vibrante; la chaleur dardant sur leurs fronts y portait cette exaltation, ce trouble enivrant où toutes les pensées, tous les objets s'embellissent et s'enflamment; la molesse de l'atmosphère répandait cette heureuse langueur dans laquelle on ne vit plus que pour sentir, aimer et se laisser bercer dans le sein d'une volupté mystérieuse.

Le vent chaud et tournoyant sur la hauteur dénoua la douce chevelure blonde de Valentine ; elle se déroula en ondoyant sur le cou et les épaules de la jeune femme ; puis un nouveau souffle de l'air porta une longue boucle sur le sein de Richard.... Il palpitait du désir brûlant d'y porter ses lèvres ; tout son corps frémissait sous un feu dévorant ; il pencha la tête pour déposer un baiser sur ces cheveux.... mais la crainte le retînt... Il frissonna de désespoir, et des pleurs vinrent dans ses yeux...

En ce moment la cloche de la fabrique sonna ; la cloche qui rappelait les ouvriers à l'ouvrage. Ce son tomba comme un froid mortel dans l'âme de Richard, il venait

d'être rappelé à toute la douleur de sa situation... Lui, qui un instant auparavant
évoquait les rêves d'union parfaite, de sym-
patie, d'ineffables tendresses, dans l'air libre et pur de l'amour; il revit soudain
toute la répulsion que cette femme assise
près de lui devait toujours éprouver au
fond de l'âme, pour l'ouvrier de la manufacture, le brigand de la forêt, le gardien
de sa sauvage prison.

Le ciel était devenu de la teinte la plus
sombre; d'épais nuages descendaient vers
la terre; le silence régnait dans la campagne immobile et souffrante; les plantes se
penchaient sur leur tige, le théorbe ne
resonnait plus; on n'entendait sur la tourelle que les cris aigus des oiseaux qui

abaissaient leur vol en sentant peser sur leurs ailes le vent de l'orage.

Madame de Lussan et Richard souffraient maintenant l'un près de l'autre, et un pénible embarras les empêchait de quitter une situation qu'ils ne voulaient pas avoir l'air de fuir.

De larges gouttes de pluie mirent fin à cette contrainte en forçant Valentine à rentrer, et Richard se sépara d'elle sous le poids des plus tristes impressions.

FIN DU PREMIER VOLUME.

COULOMMIERS. — IMPRIMERIE DE A. MOUSSIN.